HISTÓRIA DA ÁSIA

COLEÇÃO HISTÓRIA NA UNIVERSIDADE

Coordenação Jaime Pinsky e Carla Bassanezi Pinsky

ESTADOS UNIDOS *Vitor Izecksohn*
GRÉCIA E ROMA *Pedro Paulo Funari*
HISTÓRIA ANTIGA *Norberto Luiz Guarinello*
HISTÓRIA CONTEMPORÂNEA *Luís Edmundo Moraes*
HISTÓRIA CONTEMPORÂNEA 2 *Marcos Napolitano*
HISTÓRIA DA ÁFRICA *José Rivair Macedo*
HISTÓRIA DA AMÉRICA LATINA *Maria Ligia Prado* e *Gabriela Pellegrino*
HISTÓRIA DA ÁSIA *Fernando Pureza*
HISTÓRIA DO BRASIL COLÔNIA *Laima Mesgravis*
HISTÓRIA DO BRASIL CONTEMPORÂNEO *Carlos Fico*
HISTÓRIA DO BRASIL IMPÉRIO *Miriam Dolhnikoff*
HISTÓRIA DO BRASIL REPÚBLICA *Marcos Napolitano*
HISTÓRIA IBÉRICA *Ana Nemi*
HISTÓRIA MEDIEVAL *Marcelo Cândido da Silva*
HISTÓRIA MODERNA *Paulo Miceli*
PRÁTICAS DE PESQUISA EM HISTÓRIA *Tania Regina de Luca*

Conselho da Coleção
Marcos Napolitano
Maria Ligia Prado
Pedro Paulo Funari

Proibida a reprodução total ou parcial em qualquer mídia sem a autorização escrita da editora.
Os infratores estão sujeitos às penas da lei.

A Editora não é responsável pelo conteúdo deste livro.
O Autor conhece os fatos narrados, pelos quais é responsável, assim como se responsabiliza pelos juízos emitidos.

Consulte nosso catálogo completo e últimos lançamentos em **www.editoracontexto.com.br**.

Fernando Pureza

HISTÓRIA DA ÁSIA

Coleção
HISTÓRIA
NA UNIVERSIDADE

Copyright © 2023 do Autor

Todos os direitos desta edição reservados à
Editora Contexto (Editora Pinsky Ltda.)

Montagem de capa e diagramação
Gustavo S. Vilas Boas

Coordenação de textos
Carla Bassanezi Pinsky

Preparação de textos
Lilian Aquino

Revisão
Ana Paula Luccisano

Dados Internacionais de Catalogação na Publicação (CIP)

Pureza, Fernando
História da Ásia / Fernando Pureza. –
1.ed., 1ª reimpressão. – São Paulo : Contexto, 2024.
160 p. (Coleção História na Universidade)

ISBN 978-65-5541-286-4

1. Ásia – História I. Título II. Série

23-3809   CDD 939

Angélica Ilacqua – Bibliotecária – CRB-8/7057

Índice para catálogo sistemático:
1. Ásia – História

2024

Editora Contexto
Diretor editorial: *Jaime Pinsky*

Rua Dr. José Elias, 520 – Alto da Lapa
05083-030 – São Paulo – SP
PABX: (11) 3832 5838
contato@editoracontexto.com.br
www.editoracontexto.com.br

Sumário

Por que estudar a História da Ásia? 7

A Índia e o domínio britânico (1760-1947) 11
    A Índia antes dos ingleses 12
    O domínio da Companhia (1765-1857) 16
    A Revolta dos Cipaios e a criação do *Raj* Britânico 20
    O Congresso Nacional Indiano e a longa luta pela independência .. 25

De Reino do Meio à República da China (1793-1945) 33
    As Guerras do Ópio 36
    Rebeliões e revoltas: o colapso do Império 40
    A República e os senhores da guerra 45
    Comunistas e nacionalistas em guerra 51

O Japão entre samurais e camicases (1801-1945) 55
    O período Edo e o isolamento da Terra do Sol Nascente 58
    A Restauração Meiji 61
    A Era Taisho e a nova ordem política 69
    A Era Showa e o imperialismo japonês 71

Ideias revolucionárias na Ásia 77
    Liberalismos e nacionalismos 78
    Socialismos e anarquismos 82
    Feminismos 87

A Índia e a Ásia Meridional independente 91
    O fim do gandhismo e o terceiro-mundismo de Nehru 95
    Corrida nuclear e conflitos 101
    Índia e Paquistão na virada do século XX 106

Japão entre os Tigres Asiáticos 113
    Rendição, Ocupação e uma nova guerra 114
    A recuperação econômica japonesa sem milagre 119
    Crise energética, novos protestos e novo padrão de vida 124
    Crise, estagnação e incógnitas: o Japão no terceiro milênio 128

As revoluções chinesas dos séculos XX e XXI 133
    Primeiro a guerra, depois a revolução 135
    A Revolução Cultural e o retorno de Mao Tsé-tung 141
    Novas lutas e velhos personagens 147
    A China no século XXI 154

Sugestões de leitura 157

Por que estudar a História da Ásia?

Em março de 2020, as redes sociais e os aplicativos de comunicação no Brasil foram inundados por inúmeras mensagens, todas com o mesmo teor. Elas atribuíam aos chineses a responsabilidade pela emergência sanitária causada pela covid-19 em nosso país. De acordo com uma das diversas versões dessas mensagens, o hábito chinês de "comer morcegos crus" teria feito com que um vírus que atacava animais silvestres passasse a afetar também as pessoas. Ainda que o vídeo mostrado para ilustrar essa "notícia" fosse de um mercado na Indonésia, e não na China, e que os morcegos vendidos na feira chinesa de Wuhan para consumo humano não fossem selvagens, mas criados em cativeiro, e não fossem comidos crus, mas preparados, prevaleceram as *fake news* beneficiadas pelo preconceito difundido contra os chineses. A mentira grosseira pegou. O estrago estava feito: a sinofobia emitiu alertas contra o "perigo amarelo" e suas tentativas de dominar o planeta, acabar com as economias ocidentais, impor seu modo de vida...

Em meio a uma retórica extremista, que identificava na China todos os males do mundo, a pandemia expôs não só o preconceito, mas o desconhecimento a respeito do vasto continente asiático, seus povos e suas culturas. Apesar de a China ser o maior parceiro comercial do Brasil desde o início do século XXI e de a economia global ter dado seu "giro ao Pacífico", de fato, em nosso país sabemos muito pouco sobre a história e os povos dos países asiáticos. Mesmo nas salas de aula do ensino superior, a História da Ásia é um tema ainda pouco abordado.

Esta obra se propõe a ser um pontapé inicial para o leitor conhecer mais sobre o maior continente do planeta. Considerando países transcontinentais e territórios não reconhecidos oficialmente, existem na Ásia 51 países, que abrigam diferentes culturas, línguas, tradições, religiões e, claro, histórias. Por conta disso, foi preciso fazer um recorte, centrando os capítulos em Índia, China e Japão, com observações sobre as Coreias (do Norte e do Sul), Vietnã, Paquistão, Bangladesh e Taiwan.

Mas o recorte não foi só geográfico, foi também temporal. Embora algumas das culturas mais antigas e interessantes da história da humanidade tenham origem asiática, este livro optou pela contemporaneidade, do "longo século XIX" (na acepção de Eric Hobsbawm) aos séculos XX e XXI, procurando dar conta de alguns dos principais dilemas e processos desse período. O enfoque do livro compreende justamente o momento em que a balança global passou a mudar, incluindo tanto a dominação do continente asiático por europeus quanto a sua descolonização e o crescimento do seu protagonismo.

Para os historiadores em formação, aviso que há outra razão para essa opção temporal. Ela abarca também o momento em que a História se torna uma disciplina acadêmica, com suas bases tipicamente europeias. Ao se institucionalizar, converter-se em currículo escolar e acadêmico, o espaço destinado a povos não europeus passa a ser o da chamada "História Geral", numa inclusão feita a partir de princípios do colonialismo, em especial a ideia de que as culturas não europeias seriam incapazes de se desenvolver sem a ajuda e a liderança modernizadora do Ocidente. Assim, quando a História se transformou em disciplina, a Ásia, com suas muitas unidades e subdivisões, tornou-se "inferior à Europa", num projeto racialista expresso pelo escritor britânico Rudyard Kipling como "o fardo do homem branco".

Nessa época, o imperialismo combinou o saque dos palácios asiáticos com a formação dos museus históricos na Europa. Portanto, redirecionar nossos olhares para a história da Ásia hoje é também uma forma de refletir sobre o próprio fazer histórico e reelaborar noções correntes sobre o passado, abrindo mão do eurocentrismo.

Conhecer melhor a história da Ásia permite ainda uma reflexão sobre a construção dos currículos de História. A proeminência econômica chinesa, a religiosidade indiana, as tensões geopolíticas no Oriente Médio, o consumo de cultura pop *made in Japan* (ou *made in Korea*) são alguns exemplos de temas de História da Ásia que podem ser discutidos em sala de aula, sem lançar mão de estereótipos reducionistas. Trata-se também de desenvolver novas formas de entender conceitos como nação, civilização, mercado, liberalismo, socialismo e democracia, afastados de uma pretensa universalidade e submetidos a um olhar analítico (e crítico).

História da Ásia é um campo fértil, mas também pode se mostrar minado, eivado por preconceitos dos mais diversos. Por isso é importante entender o quanto a "Era dos impérios" foi traumática para os povos asiáticos e a partir de que bases o seu protagonismo foi erguido no século XXI – processo que se deu passando por momentos de destruição e reconstrução, por reformas e revoluções, avanços e retrocessos.

Num mercado editorial como o nosso, em que a História da Ásia não possui muito espaço, esta obra procura estimular os leitores a buscar mais informações sobre esse continente, ativar o interesse e a curiosidade sobre suas muitas histórias que também importam para nós. E, por extensão, conhecer melhor o mundo.

A Índia e o domínio britânico (1760-1947)

Em 2018, a economista indiana Utsa Patnaik publicou um artigo científico no qual se propunha a calcular quanto os britânicos haviam tirado da Índia durante o período colonial. Seu cálculo chegou à impressionante cifra de 45 trilhões de dólares em valores recentes, ou mais de 20 vezes o atual PIB do Reino Unido no ano de 2021. A história do "saque colonial", contudo, não pode ser narrada por meio das cifras – e mesmo que alguém tente fazer isso, talvez a primeira contagem a ser feita tenha que ser a dos corpos.

O domínio britânico na Índia foi uma espécie de modelo de novas modalidades de colonialismo, deslocadas nos séculos XVIII, XIX e XX para a Ásia e a África. Durante esse período, a Índia não apenas vivenciou a despossessão de suas riquezas e o desprezo à vida e à cultura de seus habitantes, mas também um grau de destruição ambiental sem precedentes na história humana.

A longa duração do Império Britânico, que concebeu a Índia como a sua "joia da Coroa", fez com que esse terrível quadro se perpetuasse ao longo de séculos. Uma História da Ásia contemporânea, portanto, precisa partir da experiência colonial britânica na Índia como uma espécie de marco inaugural; a compreensão dos problemas da sociedade indiana e suas representações deve levar em conta esse passado. Contudo, não deve ignorar as particularidades locais que contribuíram para as inúmeras crises que assolaram Índia, Bangladesh, Paquistão, Sri Lanka, todos eles parte do antigo *Raj* Britânico.

A ÍNDIA ANTES DOS INGLESES

É difícil tratar a história da Índia como algo uno. De fato, desde a Antiguidade, o subcontinente indiano foi um espaço de muitas culturas e de diferentes religiões, tais como o budismo, o hinduísmo, o siquismo e o jainismo, muito antes de haver uma ideia de Índia unificada. Foi também uma das principais rotas de passagem da expansão islâmica na Ásia nos séculos X e XI e viu, no final do século XV, os portugueses aportarem em seu litoral, trazendo consigo o cristianismo. Além da diversidade religiosa, a diversidade étnica é amplamente reconhecida (a estimativa é de que existam atualmente cerca de 2.000 grupos étnicos distintos na Índia). Dessa imensidão de culturas, as formas políticas e sociais que se desenvolveram na região também foram diversas. Houve impérios centralizados, como o Sultanato de Delhi (1206-1526), o Império Vijayagara (1336-1652), o Sultanato de Bengala (1352-1576). Mas houve também estruturas políticas menores, em nível local, administradas por aristocratas chamados de *nawab* (ou, numa tradução para o português, "nababo"). Contudo, no século XVI foi formada a maior estrutura política e administrativa na Índia até então: o chamado Império Mogol (1526-1857).

O termo é uma corruptela de "mongol", vindo do árabe e do farsi, considerando que esse império era administrado por descendentes de Tamerlão, antigo conquistador mongol do século XIV. Estabelecidos em Cabul (no atual Afeganistão), os mogóis se expandiram pelo vale do Indo, anexando a região do antigo Sultanato de Delhi e estabelecendo um centro político indiano que, até o século XVIII, se manteve relativamente estável. O território por eles controlado chegou a sua máxima extensão em 1707. Os imperadores mogóis procuraram consolidar o islamismo em seus domínios. Mas reconheciam que a religião majoritária do subcontinente era o hinduísmo e, portanto, para garantir a paz e alguma legitimidade perante os nababos locais, estimularam também a criação de templos hindus, enfatizando por um bom tempo a diversidade religiosa da região.

Alterando a prática de seus antecessores, contudo, o imperador mogol Aurangzeb (1658-1707) ordenou o fechamento de templos de religiões não muçulmanas e ameaçou extinguir até mesmo o milenar sistema de castas. Sua política radical de islamização, acompanhada de sua tentativa de expansão militar, levaria, por conta da reação das populações hindus, ao declínio da influência mogol. A maior ameaça ao seu domínio vinha do Império Maratha (1674-1818), uma confederação de nobres que se estabeleceram no litoral noroeste da Índia, na província de Maharashtra, e que passaram a reivindicar o hinduísmo como fator de coesão política.

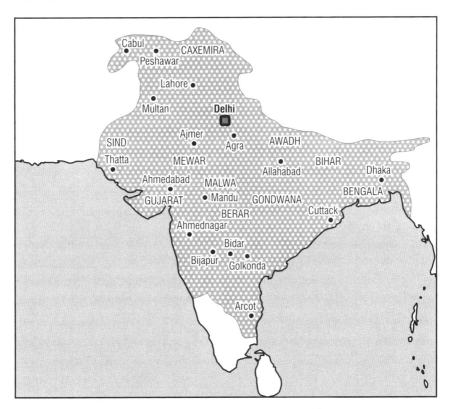

Mapa que mostra a extensão territorial do Império Mogol em seu auge, sob o reinado de Aurangzeb (1707), antes de ter seu poderio ameaçado por outros Estados concorrentes, em especial o Império Maratha.

O SISTEMA DE CASTAS INDIANO

Uma das bases do hinduísmo presente nas civilizações do vale do Indo era o sistema de castas. Inicialmente concebido a partir de uma cosmogonia dos textos sagrados hindus (os *Vedas*), ele categorizava socialmente as pessoas a partir do nascimento, identificando-as com as partes do corpo do deus Brahma e criando uma hierarquia entre elas. Ligadas à noção de "pureza", as castas se reafirmavam em sentido cósmico a partir da ideia de darma, devendo obediência a rígidas regras de conduta – a violação de tais regras era vista como algo capaz de afetar todo o universo, pondo em risco o equilíbrio social. Uma vez nascida em determinada casta, a pessoa nunca poderia sair dela; deveria executar os trabalhos tradicionalmente reservados à sua casta e unir-se em casamento apenas com pessoas iguais dentro desse sistema. Cabia às castas mais altas (também conhecidas como brâmanes) manter os "rituais de purificação" e controlar a sociedade, de modo a conservar suas rígidas hierarquias. Os *dalits*, ou "intocáveis", considerados socialmente desprezíveis, localizavam-se no nível hierárquico mais baixo, ocupando-se de "atividades impuras" em relação ao hinduísmo dominante, tais como lidar com dejetos e cadáveres.

Com as expansões muçulmanas no território indiano e a consolidação do Sultanato de Delhi (1206), o sistema de castas perderia um pouco de sua rigidez ao ser mesclado com hierarquias religiosas e burocráticas baseadas no islamismo. A perda de poder dos brâmanes nos territórios comandados por muçulmanos enfraqueceu, portanto, as hierarquias sociais baseadas nesse sistema, especialmente nas grandes cidades, então socialmente mais diversas. Durante o auge do Império Mogol e o reinado de Aurangzeb, o sistema de castas foi duramente combatido a partir de Delhi. Em resposta, conforme as autoridades brâmanes confrontavam os muçulmanos, em muitas comunidades hindus, o sistema de castas acabou se tornando mais e mais rígido, com grande discriminação social, interdições justificadas pela religião e imposições baseadas na tradição, como, por exemplo, a que estabelecia que pessoas de castas inferiores deveriam servir às de castas superiores.

Ao longo do século XIX, reformadores hindus procuraram estabelecer novas diretrizes para o sistema, no que contaram com um inusitado apoio vindo dos colonizadores britânicos. Os censos britânicos após 1857 visaram simplificar o sistema de castas, identificando cinco categorias gerais: os brâmanes (sacerdotes e juristas), os xátrias (guerreiros e aristocratas), os vaixás (comerciantes e artesãos) e os sudras (camponeses e demais trabalhadores braçais). Os *dalits* (intocáveis) permaneceram na base da pirâmide social, vítimas de discriminação durante o período colonial. A Constituição da Índia independente considerou ilegal a discriminação social com base no sistema de castas, mas preconceitos advindos desse sistema continuaram existindo na mentalidade dos indianos.

Estruturas políticas como o Império Mogol e o Império Maratha eram eminentemente Estados tributários. A tributação elevada podia chegar até metade dos rendimentos da terra, por exemplo, onerando os camponeses – que desde o século XVII eram obrigados a pagar seus tributos em moeda (o que exigia, entre outras coisas, a produção de um excedente para o comércio local). O comércio e a manufatura também eram tributados, já que os Estados dependiam de grandes quantias de prata por serem altamente monetizados. Nesse sentido, para além das diferenças culturais e religiosas dos dois impérios, o controle tributário sobre a Índia era um dos principais fatores de disputas políticas no século XVIII – período em que a Índia sob o Império Mogol superava até mesmo a China na produção manufatureira. Tecidos de algodão indianos, por exemplo, circulavam no continente asiático desde os primórdios da Rota da Seda, sendo muito solicitados pelas mais diversas cortes.

Seria no golfo de Bengala, mais especificamente, que, pelos esforços da Companhia das Índias Ocidentais, os britânicos dariam início à construção de seu império colonial na Índia, que perduraria por quase dois séculos. Antes disso, europeus já comercializavam com os habitantes locais. Entre 1498 e 1739, portugueses, ingleses, holandeses, franceses e dinamarqueses estabeleceram fortes e entrepostos comerciais nas mais diferentes regiões da Índia. Esse comércio foi fundamental para o desenvolvimento do mercantilismo europeu, levando aos mercados da Europa produtos importantes, como anil, especiarias e os já citados tecidos indianos. Até o final do século XVIII, a produção têxtil indiana inundava os mercados na Europa – estima-se que 25% da produção mundial de tecidos vinha das manufaturas da Índia. Por conta disso, a luta pelo controle comercial do golfo de Bengala foi particularmente intensa, mobilizando as principais potências europeias do século XVIII, em especial Inglaterra e França.

Em 1746, em decorrência das guerras que se desenvolviam na Europa, ingleses e franceses passaram a disputar também possessões litorâneas na região de Carnataca, no sul da Índia. Ao final, as chamadas Guerras Carnáticas viram a Inglaterra consolidar seu domínio, e excluir completamente as companhias e os mercadores franceses do acesso à Índia em 1763. Os britânicos desenvolveram então uma hegemonia política e econômica na região que consolidou o monopólio de seus comerciantes, limitando a entrada de holandeses, franceses e dinamarqueses nos portos indianos.

A principal companhia comercial britânica, a Companhia das Índias Orientais – uma associação de vários grupos mercantis que haviam se unido em 1600 a partir de uma concessão comercial da monarquia inglesa –, passou a controlar as feitorias antes francesas e holandesas no litoral indiano. Robert Clive, comandante militar dos ingleses nas Guerras Carnáticas, alistou os primeiros cipaios (soldados indianos a serviço da Companhia) com o apoio de nababos locais. Clive também ofereceu provisões militares inglesas para alguns dos pretendentes ao trono Mogol, tornando-se assim figura benquista entre líderes locais e membros da dinastia. A pedido de seus novos aliados, o comandante inglês chegou a dirigir seus exércitos contra nababos independentes da região de Bengala. Em troca, o Império Mogol concedeu à Companhia das Índias Orientais o *diwani* (direito de tributação) de toda a província de Bengala. Esse acordo, firmado em 1765, conferiu a uma corporação privada multinacional estabelecida na Inglaterra direitos comerciais e tributários sobre uma das regiões mais ricas do planeta. A partir daí, a Companhia das Índias Orientais passaria a controlar cada vez mais territórios indianos, estabelecendo-se como governante de fato de boa parte da Índia até o fatídico ano de 1857. Conforme crescia o poder da Companhia, os Impérios Mogol e Maratha foram se enfraquecendo. Sem a força política e econômica de outros tempos, o Império Mogol entrou em declínio e foi perdendo territórios até finalmente ser incorporado como protetorado britânico em 1857. O Império Maratha, por sua vez, seria derrotado pelos britânicos em três guerras, entre 1775 e 1819, sendo efetivamente conquistado pela Companhia ao final da última.

O DOMÍNIO DA COMPANHIA (1765-1857)

Com o *diwani* de Bengala estabelecido, a Companhia das Índias Orientais passou a sobretaxar os camponeses com valores abusivos, levando milhões à miséria. A nova administração limitou o acesso a silos e armazéns de grãos, transportando o excedente para outros mercados, ao invés de deixar que fossem utilizados para suprir os mais pobres em épocas de más colheitas. Já nos primeiros anos da tomada de controle da região de Bengala pelos ingleses da Companhia, uma terrível fome se espalhou entre a população local que sofria também as consequências de guerras constantes, más colheitas recentes e um surto de varíola. A Companhia das Índias Orientais calculou que, nessa época, cerca de 10 milhões morreram de fome e doenças relacionadas. A "primeira fome de Bengala", agravada pelas medidas tomadas pela nova administração, foi uma espécie de cartão de visitas do poderio britânico na Índia.

A Companhia também passou a estimular a produção algodoeira, que serviria de matéria-prima para a hegemonia britânica durante a Primeira Revolução Industrial. Comerciantes da Companhia tiveram ainda acesso a imensas plantações de papoula no norte da Índia, fundamentais para abrir o mercado da China aos ingleses (como será visto no capítulo seguinte), sem contar também a produção de fibras como cânhamo, índigo, anil e juta. Tais mercadorias haviam abastecido mercados asiáticos por séculos, mas agora estavam nas mãos do maior conglomerado comercial da época.

Esse domínio comercial tinha especial ênfase na produção têxtil, tendo em vista que, desde o final do século XVII, os britânicos estavam fascinados pelos tecidos indianos, coloridos e leves, facilmente laváveis e de qualidade superior à de tecidos de lã que os ingleses produziam. Com o controle da Companhia, a técnica e a matéria-prima da indústria de tecidos de algodão foram apropriadas pela Grã-Bretanha: na lógica monopolista, os tecidos indianos não poderiam mais ser vendidos para outros países e, por sua vez, o algodão indiano só poderia ser comercializado diretamente com a Companhia.

Para os indianos, esse controle foi terrível por dois motivos. Primeiro, porque desde 1720, os britânicos já tinham reduzido a compra de tecidos indianos – e conforme seu domínio comercial foi se tornando hegemônico, substituíram as compras de tecidos manufaturados pela compra de algodão cru, mais barato. Dizia-se então que os ingleses estavam "cortando os polegares" dos artesãos indianos, que dependiam da atividade manufatureira. Além disso, essa alta demanda pelo algodão cru modificou profundamente a estrutura agrária indiana, que passou a se dedicar cada vez mais ao cultivo da fibra, reduzindo os cultivos de subsistência da população de forma acelerada.

A partir de sua base inicial em Bengala, a Companhia expandiu seus domínios, exigindo direitos tributários de nababos de outras regiões da Índia em troca de soldados e capital. Diversas guerras desencadeadas pela ambição da Companhia lhe permitiram ampliar o *diwani* em várias outras partes da Índia. Ao avaliarem que a tributação e a taxação da produtividade da terra seriam muito mais lucrativas, os acionistas da Companhia em Londres mudaram o sistema de *diwani*. Com isso, os *zamindari* (os grandes fazendeiros indianos) foram obrigados a pressionar cada vez mais os trabalhadores para aumentarem a produtividade da terra.

Essa mudança ocasionou diversas revoltas camponesas. Fugas em massa, rebeliões armadas e até mesmo greves rurais foram frequentes ao longo de todo o período de domínio colonial britânico. Mas, mesmo com esse cenário entrecruzado por fomes que assolavam o meio rural, a renda dos imperialistas, advinda da tributação da terra, manteve-se alta e não diminuiu.

Por conta das pressões britânicas, regiões inteiras da Índia se tornaram celeiros da produção de algodão mundial, provocando um impacto ambiental atroz, com a erosão do solo e o desgaste dos lençóis freáticos. A principal produção de alimentos passou a se concentrar em latifúndios voltados para a exportação – o trigo indiano praticamente tornou a Inglaterra autossuficiente em grãos no século XIX. A infraestrutura agrária pré-colonial foi desfeita, aumentado a miséria no campo, assim como subsequentes ondas de fome e epidemias. Procurando controlar pestes como a cólera, engenheiros britânicos implodiram e abandonaram cisternas (poços de coleta de água de chuva chamados *baoli*) que existiam desde o século VI a.C. em prol da construção de poços artesianos. Tais poços se mostraram incapazes de abastecer adequadamente o campo, gerando secas ainda maiores que as de períodos anteriores em diversas províncias.

Inicialmente, o *diwani* indicava somente o direito de cobrar impostos, deixando as atividades administrativas nas mãos da aristocracia local. Mas no final do século XVIII, a Companhia estava lucrando tanto por meio do *diwani* de Bengala que seus diretores procuram expandir a prática, aproveitando-se da fragilidade dos poderes constituídos, tanto do Império Mogol quanto do Império Maratha. Propuseram a nababos e rajas locais o controle administrativo de determinadas regiões em troca do *diwani*. Em pouco tempo, a Companhia das Índias Orientais conseguiu constituir um exército mercenário de cerca de 200 mil soldados cipaios – a grande maioria deles indianos praticantes de diferentes religiões – que ajudavam a convencer os aristocratas locais a aceitar a "parceria" com a Companhia. De fato, o que os diretores da Companhia queriam era fragilizar os aristocratas indianos, enredando-os em conflitos constantes uns com os outros. Não surpreende que as estruturas imperiais, tanto Mogol quanto Maratha, ficassem cada vez mais fracas à medida que a Companhia das Índias Orientais expandia seu poder sobre a Índia. Com isso, os britânicos passaram a estabelecer localmente seus próprios órgãos administrativos. Em 1772, a cidade de Calcutá se tornou a capital oficial do domínio da Companhia, o centro de uma estrutura administrativa de um Estado colonial comandada por um governador geral britânico. A partir dela (a estrutura administrativa da Companhia), os britânicos impuseram à Índia uma série de regulações, incluindo algumas relativas a costumes, como a proibição do sati (1829) ou a criminalização dos tugues (1830), uma modalidade de banditismo rural que passou a ser julgada diretamente pelos princípios da Justiça britânica. A principal reforma do período, contudo, foi a chamada *Minuta da Educação* (1835), elaborada por Thomas Macaulay. A *Minuta* se tornou a principal diretriz educacional dos britânicos na Índia e defendia a necessidade de ofertar uma educação tipicamente europeia às elites locais indianas, com o intuito de "civilizá-las" para que renunciassem a hábitos e costumes locais considerados inferiores aos olhos dos britânicos.

> **O RITUAL DO SATI**
>
> Em 1829, o governador-geral da Índia, William Bentinck, promulgou o "Ato de Regulação do Sati em Bengala", banindo a prática do sati em todos os territórios indianos controlados pela Companhia das Índias Orientais. O ato legislativo foi criado a partir de demandas, tanto de evangelistas cristãos como de reformadores hindus.
>
> Sati era um ritual tradicional hindu *rajput*, no qual originalmente as viúvas dos patriarcas das castas mais altas se imolavam na pira fúnebre do próprio marido morto. A prática, que até o início do século XVIII estava proibida, passou a se difundir novamente e se ampliar entre as camadas da população com a crise do Império Mogol (muçulmano, fortemente contrário a esse costume desde o reinado de Aurangzeb), conforme autoridades hindus locais ganhavam força, mas também à medida que aumentavam a crise social e a miséria resultantes do colonialismo.
>
> Horrorizados com essa retomada, os legisladores britânicos buscaram, com o apoio de reformadores hindus, estabelecer leis limitando a prática, até que em 1829 ela foi legalmente abolida. Todavia, quando o sati foi proibido, ele não foi interrompido de fato. Assim, não faltaram casos de viúvas tiradas à força das piras fúnebres e de famílias condenadas por terem lançado suas matriarcas ao fogo. Dentro dessas comunidades, as mulheres indianas não tinham permissão de ter propriedade, portanto, ao se tornarem viúvas, elas se tornavam dependentes dos filhos ou do restante da família. Nesses casos, o "suicídio ritual", que livraria a família desse fardo, era quase como um homicídio. Enfim, a prática do sati se manteve, apesar da proibição legal, em razão do forte patriarcalismo existente no meio rural e da ideia corrente de que as tradições locais eram mais importantes que as leis dos britânicos.

Essa mudança acabaria dividindo os membros do Parlamento britânico e da própria Companhia em dois grupos distintos: de um lado, havia os "orientalistas", que defendiam a não intervenção nos costumes "bárbaros" dos povos indianos e que o papel dos britânicos deveria ser exclusivamente a extração de tributos e a exploração de mercadorias. Do outro, havia os "anglicistas", que defendiam a introdução de costumes ocidentais e de um sistema educacional inglês naqueles territórios que agora eram considerados parte do Império Britânico. A posição anglicista venceu o debate. Em 1834, quando Thomas Macaulay foi convocado para redigir a sua famosa *Minuta,* proferiu uma frase que sintetizava a postura "anglicista": "Ninguém pode negar que uma única estante de uma boa biblioteca europeia vale muito mais do que toda a literatura nativa da Índia e da Arábia".

O enfraquecimento do Império Mogol e a formação de correntes religiosas hindus próximas dos britânicos geraram uma onda de "reformismo hindu" (chamada também de "Renascimento Hindu"). Reformadores, como Raja Ram Mohan Roy e Swami Vivekananda, propunham estabelecer novas bases para a crença hindu, explorando novos textos religiosos e outras leituras sobre textos tradicionais, adaptadas aos novos tempos. Eles defendiam também a necessidade de os hindus participarem ativamente da administração política, legal e educacional na Índia em parceria direta com os britânicos.

De fato, muitos aristocratas locais indianos se aproximaram dos britânicos, entendendo que se aliar ao estrangeiro era uma forma de angariar recursos e manter seu prestígio sem, com isso, se submeter a uma autoridade central eventualmente contrária a seus interesses. Por sua vez, a Companhia se beneficiava das disputas intestinas entre famílias e dinastias para seguir expandindo seus domínios. Na metade do século XIX, quase dois terços de todo o subcontinente indiano estava sob o controle da Companhia.

A REVOLTA DOS CIPAIOS E A CRIAÇÃO DO *RAJ* BRITÂNICO

Em 1850, a Companhia era responsável por um impressionante exército de cipaios, sem dúvida, o maior exército da região. Seus soldados professavam diferentes credos religiosos; havia hindus, muçulmanos, cristãos, siques. O que os unificava efetivamente era o fato de fazerem parte da folha de pagamentos da Companhia das Índias Orientais, atuando como força militar e de segurança em todo o subcontinente indiano.

Os britânicos dependiam de nativos para a segurança de seu vasto empreendimento colonial, pois o deslocamento de tropas exclusivamente britânicas era caro demais para a Companhia, e os navios a vapor (que mais tarde seriam uma força militar poderosa) tinham acabado de surgir no cenário global, sendo capazes de fazer viagens transoceânicas somente em 1839.

Já havia, na Índia, um espaço dedicado aos guerreiros no sistema de castas existente. O que depois os britânicos condensariam oficialmente em uma casta só (a dos xátrias) era, na verdade, uma série de castas e estamentos locais com homens capazes de lutar que, diante da desestruturação dos grandes Impérios na Índia, estavam agora se incorporando como força militar e policial para a Companhia. Acreditava-se que a lealdade dos cipaios era facilmente obtida, pois, além dos soldos militares e do *status*, os britânicos também lhes ofereciam armas e equipamentos eficientes vindos diretamente da Inglaterra.

A ação dos cipaios pode ser resumida em duas frentes: militar e policial – ainda que, por vezes, elas se cruzassem. A ação militar se dava em exércitos privados que a Companhia usualmente "emprestava" para aristocratas locais resolverem suas disputas (mediante pagamento ou concessão de direitos, como o *diwani*). Esses exércitos geralmente eram liderados por oficiais britânicos a serviço direto (ou indireto) da Companhia das Índias Orientais. Por volta de 1850, o Exército particular da Companhia possuía mais de 275 mil soldados – sendo que 230 mil eram cipaios.

Já a ação policial se tornou central a partir da abolição da escravidão no Reino Unido, em 1834. As companhias privadas que dependiam do trabalho escravo nas *plantations* ao redor do globo temeram que a abolição da escravidão tornasse a produção de açúcar, algodão e chá menos lucrativa. Por conta disso, a Companhia das Índias Orientais criou um regulamento, em 1837, permitindo a escravidão por dívidas, o que afetou milhões de trabalhadores indianos e foi fundamental para o sucesso da nascente indústria do chá na província de Assam. A garantia do cumprimento desse regulamento passou a depender de forças policiais a serviço da Companhia. Os cipaios eram recrutados para caçar fugitivos das grandes plantações e também para conter fugas em massa no campo.

Diante da importância desses soldados na ordem colonial estabelecida pela Companhia, a Revolta dos Cipaios, ocorrida em 1857, exigiu a intervenção da Grã-Bretanha. Não há um consenso sobre o gatilho dessa rebelião. O recrutamento cada vez mais frequente de cipaios de castas mais altas, em especial na região de Bengala, levou ao aumento da percepção da queda no *status* desses homens agora envolvidos em atividades militares. Cipaios ligados a antigas elites senhoriais locais também se ressentiam com o aumento do poder e das riquezas de comerciantes locais e estrangeiros em paralelo à crescente comercialização das terras. Entre os soldados em geral, tensões se avolumavam em razão do modo como eram tratados pelos britânicos em questões relativas a costumes religiosos e alimentação, por exemplo. Rumores relacionados a conversões forçadas e desrespeito a tabus religiosos foram suficientes para incendiar os ânimos: a notícia de que se usava gordura de gado nas munições espalhou-se rapidamente e causou profunda insatisfação entre os soldados hindus, que consideravam a vaca um animal sagrado.

Quando os primeiros levantes de soldados ocorreram, a aristocracia indiana se dividiu entre apoiá-los ou não. Muitos nobres, em especial os que estavam ainda ligados às dinastias Maratha e Mogol, resolveram pegar em armas e atuar junto aos cipaios rebeldes para expulsar os britânicos e retomar o controle de territórios.

Aproveitando o momento em que a principal instituição repressiva do colonialismo estava em crise, camponeses espalhados por toda a Índia também decidiram participar da luta.

Já os comerciantes indianos preferiram aliar-se aos britânicos, com receio de que, voltando a ter mais poder, a aristocracia fragilizasse as atividades comerciais locais. Posteriormente, esses comerciantes dariam origem à burguesia mercantil em províncias como Bengala, Calcutá e Delhi.

A Companhia não tinha a menor condição de esmagar as rebeliões que se espalhavam pela Índia, presentes nas mais diferentes províncias de todo o subcontinente. Em maio de 1857, um novo imperador mogol, Bahadur Shah, chegou a ser coroado em Delhi depois de expulsar os britânicos da cidade. Os agentes da Companhia resolveram então pedir ajuda a Londres, receosos de que a situação se tornasse irreversível. A corte da rainha Vitória e o Parlamento britânico atenderam aos apelos e não mediram esforços para mandar tropas inglesas para a Índia, sua colônia mais lucrativa da Ásia, reprimindo duramente os revoltosos. Por sua vez, Bahadur Shah mostrou-se incapaz de unificar os diferentes grupos de interesses, e as forças dos revoltosos permaneceram dispersas em campanhas locais. Em 1858, os principais focos de rebelião já tinham sido contidos pela violenta ação repressiva britânica.

Contudo, dentro da opinião pública inglesa, ganhou corpo a ideia de que a rebelião havia sido fruto de falhas graves na política de colonização empreendida pela Companhia das Índias Orientais. Para melhor controlar a Índia e dar uma resposta aos críticos, o governo britânico promulgou, em agosto de 1858, o Ato do Governo da Índia, que mudaria o estatuto da Índia, que agora passava a ser considerada parte do Império Britânico, sendo referida como *Raj* Britânico, em um regime colonial vinculado diretamente à Coroa inglesa. A Companhia perdeu força, acabou dissolvida entre seus acionistas e deixou de existir efetivamente em 1873.

O Ato mudou a governança na Índia. Os antigos reis, príncipes e demais aristocratas indianos tiveram de se submeter à rainha Vitória (que em 1876 foi proclamada Imperatriz da Índia sem, contudo, jamais ter visitado o país), e isso significou que todo o controle administrativo, tributário, legal e educacional passava agora diretamente pelos ingleses, sem qualquer necessidade de compromisso com os nababos locais; representando a Coroa, passava a haver a figura do vice-rei (inglês). As antigas forças militares a serviço da Companhia foram incorporadas ao Exército Britânico. Os tratados que concediam o *diwani* foram suspensos; estabeleceu-se um novo sistema tributário para a colônia, diretamente inspirado no modelo britânico, baseado na renda da terra – para garantir sua eficácia, foi montado um forte aparato de agrimensores e burocratas. O novo regime ampliou a burocracia local, instaurou modelos de propriedade privada tipicamente europeus e, ao mesmo tempo, aumentou investimentos em ferrovias e comunicações.

Mais do que nunca, os britânicos procuraram exercer o que chamavam de "colonialismo racional". Um exemplo dessa prática foi a realização do primeiro Censo Oficial da Índia, em 1865. Entre outras coisas, ele foi fundamental para o entendimento moderno do sistema de castas na Índia, com os britânicos juntando diferentes categorias sociais (ofícios, tribos, crenças etc.) em uma única casta, de forma muitas vezes arbitrária (o que geraria uma série de tensões entre diversos grupos étnicos e pessoas de grupos considerados hierarquicamente inferiores).

Na década de 1870, os gabinetes parlamentares em Londres passaram a questionar a quantidade de investimentos britânicos dirigidos à Índia: o *Raj* não estava "gastando demais" com os indianos? Em resposta, a burocracia britânica passou a cortar gastos em obras de irrigação, ação que foi parcialmente responsável pela Grande Fome de 1876-1878, que causou a morte de quase 10 milhões de pessoas. Nesse período, oficiais britânicos chegaram a promover medidas que contribuíram para o descalabro, como, por exemplo, o "salário de Temple", estabelecido por *sir* Richard Temple, que significava uma ração ínfima para flagelados da fome, distribuída apenas quando os famélicos trabalhavam por um dia inteiro.

Somente quando as revoltas locais se reavivaram na década de 1880 é que os britânicos promulgaram leis que obrigavam o *Raj* a aumentar investimentos para mitigar a fome.

Após sufocar a Revolta dos Cipaios, os britânicos ainda tiveram que lidar com contingentes revoltosos em diversas partes da Índia. Muitas vezes chamadas de "revoltas tribais", elas podem ser entendidas como levantes locais com bandeiras muito específicas, por exemplo, a retomada de terras florestais ou a expulsão de missionários cristãos. Levantes rurais também eram frequentes, alternando táticas que iam desde fugas em massa de trabalhadores escravizados no campo até motins contra latifundiários e grandes comerciantes. Nessa mesma época, conforme algumas fábricas britânicas se instalavam na Índia, uma classe operária local foi se formando. Esses trabalhadores fabris sofriam não apenas com a exploração capitalista e o racismo europeu, mas também com os preconceitos ligados ao sistema de castas. Por vezes, eles também se revoltavam e promoviam greves, gerando tensão social nas grandes cidades. Assim, a repressão continuou bastante ativa. Muitos militares britânicos fizeram carreira a partir da dissolução dessas revoltas, sendo condecorados e alçados a postos cada vez mais altos do Exército.

Os ingleses também ampliaram os sistemas de escravidão por dívidas, levando, inclusive, centenas de milhares de trabalhadores indianos para suas colônias ao redor do mundo, designados como *coolies*. Esses trabalhadores ganhavam menos do que o necessário para a subsistência, eram deslocados à força, e constituíam o principal contingente de trabalho na construção de ferrovias e outras obras estruturais do Império da rainha Vitória. Com isso tudo, o deslocamento populacional dos indianos foi um dos maiores do século XIX. A imensa diáspora provocada pela ação britânica acabou servindo também como estratégia para conter revoltas dentro do território indiano. Havia leis que proibiam a fuga dos trabalhadores e estendiam a punição dos infratores às suas famílias e, até mesmo, às suas castas.

Ainda assim, muitos burocratas em Londres temiam que as inúmeras revoltas, motins e greves colocassem em risco o projeto colonial. Ao longo da década de 1880, em especial depois da Grande Fome, gabinetes liberais britânicos propuseram instituir mecanismos que permitissem a participação de hindus de castas mais altas na máquina burocrática colonial como forma de cooptá-los. O foco inicial dessa proposta eram os membros da casta dos *brahmani* (ou brâmanes), excluindo da participação efetiva na administração não apenas as demais castas, mas também os muçulmanos e os adeptos de outras religiões que não a hindu. Em 1883, o vice-rei da Índia, lorde Ripon, decidiu garantir que os juízes hindus em Bengala pudessem presidir tribunais desde que seguissem as leis britânicas. A partir de então, gradualmente, postos dentro do serviço civil do *Raj* foram abertos à participação de indianos de castas mais altas. Contudo, esse acesso era bastante limitado. Os indianos que poderiam adentrar no serviço público tinham de completar seus estudos na Grã-Bretanha e, em muitos casos, ainda passar por períodos probatórios em outros territórios coloniais britânicos.

Tais iniciativas acabaram permitindo a formação de uma elite intelectual de gostos cada vez mais ocidentalizados, mas também interessada nos problemas e nas questões locais. Essa elite iria criar o principal instrumento de luta pela independência do país: o Congresso Nacional Indiano (CNI).

O CONGRESSO NACIONAL INDIANO E A LONGA LUTA PELA INDEPENDÊNCIA

Criado em 1885, o partido político Congresso Nacional Indiano fez com que, pela primeira vez, a luta anticolonial ganhasse características "nacionais", pois o que se buscava era o reconhecimento de um Estado nacional indiano independente. Desde o início, o CNI teve que enfrentar questões como o descontentamento dos muçulmanos com a incorporação de hindus das castas mais altas na burocracia do *Raj* em detrimento da elite muçulmana, bastante numerosa em muitas regiões da Índia, e a ambiguidade criada por políticas de compromisso com as autoridades britânicas e o desejo de independência total que certos líderes do partido manifestavam.

Em 1905, para resolver as disputas entre hindus e muçulmanos, o vice-rei da Índia, lorde Cruzon, instituiu uma nova política na região de Bengala, dividindo-a em duas regiões administrativas: a parte ocidental, voltada para a população hindu, e a parte oriental, voltada para a população muçulmana. A "Partição de Bengala" estava ligada à estratégia de "dividir e conquistar" dos britânicos, e resultou no acirramento ainda maior das tensões religiosas locais. Nessa época, os muçulmanos criticavam o CNI, afirmando que seu grupo era sub-representado na burocracia colonial e no próprio partido. Tal perspectiva estimulou a rivalidade política entre muçulmanos e hindus no seio dessa elite burocrática, além de dar fôlego ao chamado *comunalismo* indiano (que afirmava que a particularidade local era mais importante do que a questão nacional). Como consequência política, a Partição permitiu que uma parte da elite muçulmana passasse a ter cargos administrativos coloniais. Em 1906, um novo partido foi formado, com o nome de Liga Muçulmana, para defender particularmente os interesses islâmicos na Índia.

Temendo que o movimento por independência se enfraquecesse com isso, os líderes do CNI procuraram popularizar o seu partido. A iniciativa de Surendranath Banerjee e outros líderes do CNI nesse sentido ficou conhecida como movimento *swadeshi*, termo em sânscrito ligado à ideia de autossuficiência. O uso do sânscrito, língua sagrada do hindu, remetia ao âmbito religioso. Mas, ao mesmo tempo, o *swadeshi* propunha uma prática moderna de luta: boicotar os produtos ingleses e valorizar os produtos indianos. A elite ligada ao CNI doou grandes somas para que pequenos teares fossem reconstruídos nas casas das famílias mais pobres. O tear doméstico tornou-se o símbolo da luta indiana pela independência; produzir os próprios tecidos, tal como se fazia antigamente, passou a representar uma afronta direta aos britânicos, enfatizando a capacidade dos indianos de produzir suas próprias roupas sem depender dos têxteis vendidos pelo colonizador.

Em 1915, Mohandas Gandhi, um advogado brâmane que atuara na África do Sul, retornou à Índia. Gandhi avaliou que a estratégia do CNI até então era tímida demais diante da brutalidade do regime colonial, ainda mais voraz na extração de excedente após a Primeira Guerra Mundial. Com uma retórica inflamada, Gandhi foi alçado a líder do CNI já no ano de 1921, bem acima dos demais nomes do partido. Ele propunha táticas de desobediência civil (como greves de fome e a opção pela não violência nas manifestações públicas) e fazia acordos com lideranças sindicais, com o objetivo declarado de obter a independência indiana, confrontando diretamente líderes do partido que ainda defendiam a negociação com os britânicos.

A popularidade de Gandhi cresceu. Seu estilo asceta de vestimenta e de conduta retomava imagens e símbolos caros não apenas aos hindus, mas também a muçulmanos, budistas, jainistas e siques. Além disso, ele se mostrou capaz de circular em diferentes grupos, erodindo a imagem de um CNI voltado somente para a "bem-educada" elite hindu. Tais características transformaram-no em uma liderança carismática e inquestionável. Sua concepção de *satyagraha* ("caminhar pela verdade", em uma tradução literal) popularizou-se na política indiana, sendo uma plataforma de defesa da não violência, mas também da não cooperação com os colonizadores.

A política de Gandhi não desagradava muito os indianos mais ricos, que viam em suas posturas um grau aceitável de protesto social, capaz de apaziguar os setores mais inflamados e radicais da luta pela independência. Os mais pobres, por sua vez, consideravam-no uma autêntica liderança popular, que dialogava com todos a partir das suas próprias vivências e experiências.

A força política de Gandhi ficou evidente para os britânicos no episódio conhecido como a Grande Marcha do Sal, ocorrido em março e abril de 1930. Numa inédita campanha de mobilização popular, Gandhi liderou milhares de pessoas em uma marcha de 388 quilômetros, de Ahmedabad a Dandi, para coletar o sal diretamente do mar, sem pagar taxas aos britânicos pelo produto. Esse ato ganhou incrível repercussão internacional, não obstante a brutal repressão britânica, que levou à prisão de mais de 60 mil indianos acusados de participar ou de colaborar com a manifestação.

Gandhi obteve uma importante vitória interna dentro do CNI, conseguindo maioria política para mudar de vez a linha do partido, agora abertamente a favor da independência da Índia. Os termos que o gandhismo utilizava para se referir à independência mantinham vínculos com o hinduísmo, como o caso de *swaraj* ("autogoverno" em sânscrito). Mas sua linguagem tornou-se cada vez mais abrangente, apoiada no humanismo e na ideia de unir todo o povo indiano, apesar de suas diferenças. Essa postura aproximou Gandhi de outras organizações, como o Movimento de Todas as Índias e o Partido Comunista Indiano, fundado em 1925, ambos posicionados politicamente mais à esquerda. A aproximação, justificada pela constatação da necessidade de união contra o imperialismo britânico, dava-se em termos concretos na cooperação para organizar greves, cada vez mais frequentes na Índia. Todavia, não havia muito consenso ideológico entre esses grupos e Gandhi.

Na mesma época, ideias feministas chegavam à Índia, encontrando eco em especial entre mulheres de castas mais altas. Proibidas de participar do debate público, tanto por britânicos como por lideranças hindus e muçulmanas, diversas mulheres encontraram na luta anticolonial e em partidos e movimentos de inspiração socialista um espaço para se manifestar e também para lutar por direitos das mulheres. Feministas indianas dos anos 1920 ajudaram a costurar algumas alianças entre socialistas e nacionalistas. Além dos ataques das autoridades britânicas, as feministas indianas sofriam com o tradicionalismo religioso de hindus e muçulmanos, que reservava às mulheres posições submissas, sem qualquer protagonismo.

Na nova realidade política indiana no início do século XX, destacavam-se também partidos religiosos, como a já citada Liga Muçulmana, cujo líder, Mohammed Ali Jinnah, foi um dos principais nomes muçulmanos da luta pela independência da Índia. Em 1925, um grupo de hindus criou a agremiação partidária conhecida como Rashtriya Swayamsevak Sangh (RSS), que rapidamente passou a se inspirar nos movimentos nazifascistas da Europa, montando organizações paramilitares, que não apenas eram antibritânicas, mas também contrárias aos muçulmanos, aos siques e aos gandhistas do CNI.

Nesse cenário, os britânicos procuraram estimular as rivalidades entre os diferentes partidos e movimentos, dificultando sempre que possível a união entre as forças políticas anticoloniais. Todavia, ao mesmo tempo que reprimiam os opositores e incitavam as rivalidades religiosas e políticas dentro da colônia, os britânicos ampliaram a participação política de indianos na administração colonial como forma de cooptação de pessoas e grupos. Em 1919, um novo Ato de Governo da Índia introduziu um sistema diárquico bicameral e parlamentar, no qual os indianos podiam eleger representantes. Contudo, o controle financeiro e administrativo final da Índia permanecia nas mãos da metrópole.

Apesar de muitos líderes dos diferentes partidos indianos terem criticado o Ato, tal medida foi crucial para difundir na Índia uma cultura político-partidária. Esta, ainda que favorecesse o CNI, abriu brechas para que outros partidos contestassem a ideia de representação unificada dos indianos. Somente em 1935, os britânicos concederam uma relativa autonomia financeira à Índia, conquanto ela não violasse os interesses da Coroa.

Esses avanços políticos devem muito à Marcha do Sal de 1930 e à Declaração de Independência Indiana chamada de *Purna Swaraj* (ou Completa Soberania, em tradução aproximada), uma declaração unilateral "informal", fruto de um movimento político iniciado em 1928. Ambas as iniciativas foram lideradas por Gandhi e seu partido, o Congresso Nacional. Nessa época, Gandhi também teve sucesso ao negociar a libertação de diversos militantes revolucionários indianos presos pelo Império Britânico. As negociações costuradas com atos de desobediência civil fizeram com que Gandhi se destacasse mundialmente.

Nos anos 1930, o CNI era inegavelmente uma força de massas e uma representação eleitoral poderosa, com muitos membros em cargos comunais e nacionais. Por volta de 1915, Gandhi havia recebido o título honorífico de *Mahatma* (palavra derivada do antigo sânscrito que significa "grande alma"), ligado a tradições hindus e jainistas. Pouco mais de 15 anos depois, era difícil contestar a hegemonia das ideias do *Mahatma* dentro da política indiana. Por exemplo, a proposta do jurista Bhimrao Ramji Ambedkar a favor de uma política popular que abolisse o sistema de castas e constituísse entre os chamados "intocáveis" um eleitorado em separado foi derrotada pelo próprio Gandhi, que ameaçou fazer uma greve de fome caso Ambedkar triunfasse no partido. A justificativa do principal líder do CNI era de que o eleitorado em separado poderia fragmentar ainda mais a política indiana, quando o que se buscava era a unidade.

A situação da Índia ficaria ainda mais complicada em razão do contexto europeu. Após a declaração de guerra da Inglaterra aos países do Eixo, o vice-rei da Índia, marquês de Linlithgow, acompanhou a metrópole e também declarou guerra ao Eixo já em setembro de 1939, sem consultar o Parlamento Indiano e sem procurar obter de antemão o apoio do Congresso Nacional Indiano. Diante disso, representantes de diversos partidos indianos resolveram afirmar publicamente seu não compromisso com uma guerra que, conforme argumentavam, servia apenas para manter o domínio britânico sobre a Índia; em protesto, renunciaram aos cargos no Parlamento. Houve até quem, como o nacionalista Subhas Chandra Bose, líder do RSS, advogasse que a independência indiana só poderia ser alcançada se a Índia apoiasse os países do Eixo. Aproveitando o aparente enfraquecimento do CNI, outros líderes políticos, como Ali Jinnah, passaram a defender a necessidade de um eleitorado muçulmano separado dos demais (na prática, haveria assentos fixos para representantes islâmicos, que poderiam ser eleitos sem ter que competir contra a maioria hindu).

Gandhi discordou da declaração unilateral de guerra britânica, era contrário à ruptura que Ali Jinnah propunha e também não queria nenhuma aproximação com o Eixo. Todavia, após a Batalha da Inglaterra, em 1940, ele declara apoio aos britânicos. Nessa mesma época, revoltas antibritânicas se espalham pela Índia, provocando pânico entre os políticos conservadores da metrópole, que estavam vendo os japoneses avançar pelo continente asiático e temiam perder o importante suporte em homens e bens dado por sua valiosa colônia. Assim, mesmo com o recente apoio de Gandhi, os britânicos ainda não estavam dispostos a ceder diante de suas reivindicações.

Em razão das negativas inglesas em assentir com a independência e após inúmeras tentativas frustradas de negociar com os britânicos, em 1942,

Gandhi e os demais líderes do Congresso, junto a outras lideranças partidárias, lançaram o movimento *Quit India*, que pregava a expulsão dos ingleses do país. Para promovê-lo, o gandhismo era a favor de retomar as campanhas de desobediência civil. Contudo, a força do movimento transcendeu a influência de Gandhi e, a despeito de suas opiniões, teve início uma onda de violência contra os colonizadores britânicos. Em certas localidades, como em Midnapore, a rebelião se tornou tão aguda que o próprio *Mahatma* teve de ir até a região para pacificá-la, pedindo que os líderes desmobilizassem as suas bases antes que a situação saísse totalmente do controle.

Uma das fotos mais emblemáticas de Mohandas Gandhi, entretido no trabalho no *khadi* (roda de fiar), símbolo da luta por independência indiana.
Sem autoria conhecida, possivelmente foi registrada no período do *Quit India* (1942).

Os britânicos aproveitaram a conjuntura confusa e prenderam quase 100 mil manifestantes naquele ano, entre eles o próprio Gandhi. Para piorar, no final de 1942 começava em Bengala uma terrível seca, que, no ano seguinte, geraria uma das mais graves fomes na Índia no século XX, matando quase 3 milhões de pessoas, com um impacto demográfico enorme em uma das regiões até então mais prósperas do país.

Boa parte das lideranças do CNI estava na prisão. Contudo, o partido retomou seu prestígio entre a população como a principal voz da luta pela independência indiana. Os partidos religiosos que tinham se recusado a apoiar o *Quit India*, ambicionando tomar o lugar do CNI no Parlamento, perderam consideravelmente o apoio popular. No final da guerra, estavam restritos a algumas representações burocráticas dentro do Estado colonial indiano, enquanto a popularidade do CNI atingia o ápice.

O território do *Raj* continuava conturbado pelas lutas de independência. No entanto, nesse momento, os ingleses avaliaram que se tornara muito oneroso manter uma política de intensa repressão no território indiano. Em 1947, finalmente abriram mão e a Índia se tornou independente do domínio britânico. Em junho desse ano, o último vice-rei da Índia, Louis Mountbatten, declarou a Partição de Índia e Paquistão (um ato administrativo britânico que procurava separar as populações hindus e muçulmanas no *Raj* em dois países diferentes); e, em agosto do mesmo ano, decretou a saída imediata dos britânicos de todo o território.

De Reino do Meio à República da China (1793-1945)

Até meados do século XIX, os povos que viviam no que hoje chamamos de China acreditavam que aquele era o "Reino do Meio", ou seja, o centro do mundo. A governança desse reino, concebida a partir da noção de "mandato celestial", foi ao longo do tempo disputada por representantes de diferentes culturas. Segundo essa noção, consolidada a partir do confucionismo e propagada por seus principais seguidores a partir do século II a.C., a governança dependia dos favores dos deuses, que legitimavam em última instância o poder do governante. Se houvesse abundância e prosperidade, o monarca seria considerado protegido pelos deuses. Mas no caso de haver crises de subsistência, corrupção e violência, sua legitimidade "celestial" estaria abalada e seus súditos poderiam contestar seu poder. Ao longo da história, revoltas dinásticas, revoltas camponesas e até invasões estrangeiras refutaram o mandato celestial dos reis e das dinastias no poder, sem, contudo, acabar com o Império Chinês.

Uma das dinastias mais longevas que governaram a China foi a dinastia Qing, uma linhagem imperial vinda da Manchúria, que conquistou o trono em Pequim em 1644 após uma longa campanha militar contra a dinastia Ming. A família Aisin Gioro, que encabeçava a dinastia, iria governar a China imperial até 1912, quando finalmente não se recorreria mais à ideia de mandato celestial para legitimar o poder.

Depois de conquistar a capital Pequim, o imperador Taizong, da dinastia Qing, expandiu seus domínios sobre o que restava da antiga dinastia Ming (1368-1644) no sul da atual China. A dinastia Ming era composta por chineses da etnia *han* e suas políticas isolacionistas acabaram dificultando a expansão comercial e militar, que interessava a alguns setores da aristocracia imperial. Além disso, ela ascendeu ao poder após uma rebelião de camponeses no século XIV, tendo sua legitimidade constantemente atacada a partir de então.

Os membros da dinastia Qing, por sua vez, eram um grupo aristocrático originário da Manchúria (da etnia manchu), região ao norte da China. Para muitos chineses *han*, os manchus tinham costumes tidos como "bárbaros" e não poderiam governar o Reino do Meio. Quando Taizong tomou o poder em Pequim, manteve a estrutura imperial em acordo com a noção de Mandato Celestial. A nova dinastia, ainda que fosse vista por muitos chineses *han* como "estrangeira", parecia disposta a negociar posições de poder com os aristocratas locais, ao mesmo tempo que esmagava eventuais revoltas pró-Ming. Os Qing expandiram os domínios territoriais sob seu controle no Oeste e no Norte e, mais importante, romperam com a política de isolacionismo comercial que havia marcado a era Ming.

Ainda que o sistema imperial mantivesse firme controle das atividades comerciais, os mercadores da China ganharam carta branca para expandir seus negócios no final do século XVII. Em 1685, o comércio marítimo foi permitido pelo imperador Kangxi, possibilitando a expansão de uma rede mercantil que abarcou boa parte do Pacífico, tendo como foco especial a prata das Filipinas espanholas (a imensa maioria dessa prata vinha, na verdade, das colônias que a Espanha tinha na América). Ela era usada para pagar as mercadorias chinesas, em especial a seda e a porcelana, produtos manufaturados com altíssima demanda na Europa. Calcula-se que, entre 1500 e 1800, um quinto de toda a prata do planeta tenha ido parar nos mercados chineses. Esse afluxo de prata fez com que no século XVIII o território dominado pela dinastia Qing, referenciado pelos ocidentais como "China", fosse a maior potência econômica do planeta.

Para os mercadores europeus, a hegemonia comercial chinesa criava dificuldades ao desenvolvimento de negócios diretos na Ásia. Além disso, parte do sucesso econômico da dinastia Qing se dava pela suserania que exercia sobre diversos reinos vizinhos, o que garantia aos chineses acesso a mercados muito distantes. Dessa maneira, produtos vindos da América, como milho e tabaco, chegavam a terras chinesas mediados por comerciantes de outros reinos e povos asiáticos vassalos do Reino do Meio, e não por europeus. Adentrar no mercado chinês era uma tarefa muito difícil para os europeus, que se deparavam com fortes mecanismos protecionistas criados pelo Império Qing. Contudo, não faltaram iniciativas europeias que visavam expandir o comércio para o território chinês.

Holandeses e portugueses tentaram se estabelecer, respectivamente, em Taiwan e Macau, mas com pouco êxito. Nos séculos XVII e XVIII, jesuítas tentaram atuar como serviço diplomático europeu na corte imperial Qing, mas sequer conseguiram autorização para exercer a atividade missionária, sendo por fim praticamente expulsos em 1715.

O principal artifício protecionista criado pela dinastia Qing foi o "Sistema de Cantão", que determinava que todo o comércio a ser feito com estrangeiros em território chinês estaria confinado ao porto de Cantão, no Sul. Essa decisão garantiu aos *hongs*, as guildas comerciais chinesas, o controle monopolista sobre as atividades comerciais com os ocidentais, que só podiam se estabelecer nas margens do rio da Pérola, na cidade de Cantão. Em 1760, os *hongs* formaram o Cohong, uma cooperativa de guildas unificadas, que impedia o acesso comercial europeu ao interior da China. Isso preocupou em particular a britânica Companhia das Índias Orientais, que, nessa época, estava se tornando poderosa na Índia. Na segunda metade do século XVIII, as relações entre a Companhia e o governo chinês iam muito mal. Os mercadores britânicos se recusavam a fazer comércio com o Cohong e demandavam o estabelecimento de representações diplomáticas em Pequim.

Mesmo se apropriando da produção algodoeira da Índia, a Companhia não conseguia reequilibrar suas contas na Ásia, porque a demanda chinesa por manufaturas têxteis ainda era menor do que a demanda britânica por diversos produtos asiáticos (em especial, o chá). Com a Independência dos Estados Unidos, a escassez de prata dos britânicos se agravou, e, a partir daí, os acionistas da Companhia das Índias Orientais exigiram da Coroa inglesa ações enérgicas para abrir o comércio com a China para além do Sistema de Cantão.

Em 1793, os britânicos enviaram para Pequim uma representação diplomática liderada por um dos administradores da Companhia, George Macartney. Apesar de ter sido recebida pelo próprio imperador, a "Embaixada Macartney" foi considerada um fracasso. Não só o imperador Qianlong se recusou a aceitar que a embaixada britânica se fixasse na capital imperial, mas também reafirmou a obrigatoriedade do Sistema de Cantão, restringindo os ingleses às relações com o Cohong. Além disso, Qianlong comunicou indiretamente ao rei George III que seu império não tinha nenhuma necessidade de produtos exportados pelos britânicos e que o Reino do Meio era completamente autossuficiente.

Contudo, a Companhia já estava agindo para inverter a lógica comercial com a China. Diante da escassez de prata e do desinteresse chinês em relação aos têxteis vindos da Índia, a Companhia passou a apostar em outra mercadoria: o ópio. Em um espaço de três décadas, esse derivado da papoula inverteria o peso da balança comercial entre os dois países, fazendo com que, pela primeira vez em décadas, a China gastasse mais prata do que acumulava no comércio internacional.

O comércio de ópio estava proibido desde 1799 pela dinastia Qing, em razão dos males que o consumo do derivado da papoula poderia causar entre os chineses. Porém, a despeito da proibição, a Companhia seguiu, na medida do possível, realizando o comércio, tornando o porto de Cantão uma região extremamente lucrativa para o tráfico da droga. O controle fiscal do Reino do Meio no sul, onde ficava Cantão, mostrou-se frágil em razão de uma revolta milenarista camponesa chamada de Rebelião da Lótus Branca, que se concentrou nas regiões montanhosas de Hubei, Shaanxi e Sichuan, entre 1794 e 1804. Diante disso, no início do século XIX, até mesmo companhias comerciais dos Estados Unidos e da França procuraram estabelecer redes de comércio ilegal de ópio no interior da China.

AS GUERRAS DO ÓPIO

Diante do afluxo de ópio inundando os mercados chineses, a corte de Pequim estabeleceu penas duras para comerciantes envolvidos com o produto, criminalizou as guildas ligadas ao Cohong por facilitarem a entrada de ópio no país e procurou reprimir as atividades locais de comércio. Contudo, o contrabando já estava disseminado. Em 1813, a Companhia das Índias perdeu seu monopólio; dezenas de companhias menores disputavam o controle do comércio de ópio. Em 1839, Pequim enviou a Cantão o vice-rei Lin Zexu com a tarefa de suspender todo o tráfico de ópio.

Lin Zexu endereçou uma carta à rainha Vitória, exigindo o fim do comércio de ópio entre britânicos e chineses. Sem obter resposta, o mandatário chinês agiu duramente, invadindo navios estrangeiros, incinerando e jogando no mar toneladas de ópio. Toda a navegação no rio da Pérola foi suspensa. E, após um incidente na baía de Kowloon, em que dois marinheiros britânicos mataram um jovem chinês, Lin Zexu decretou o embargo de suprimentos e água contra todos os ingleses na China.

Tais ações levaram os mercadores britânicos a pedir ajuda à Coroa. Em outubro de 1839, as Marinhas de Inglaterra e China se enfrentaram nos arredores de Cantão, dando início ao conflito que ficaria conhecido como a Primeira Guerra do Ópio. Os navios ingleses tinham uma impressionante vantagem tecnológica, relacionada tanto ao uso extensivo de canhões na proa dos navios quanto à inovadora energia a vapor, que dava maior mobilidade às naus em alto-mar. Em pouco mais de um ano de guerra, a Marinha britânica havia conseguido bloquear boa parte do litoral chinês, praticamente assegurando o controle de Cantão e de seus arredores.

Imagem que representa a destruição de carregamentos de ópio em Cantão ordenada por Lin Zexu. As rígidas políticas empreendidas contra o comércio de ópio na China estariam na base da Primeira Guerra do Ópio (1839-1842).
[*Vice-rei Lin e a destruição do ópio em Humen*] (1839). Autor desconhecido]

Quando finalmente foi assinado um tratado de paz, a esmagadora vantagem britânica impôs como cláusula a anulação das medidas protecionistas do Império Chinês que haviam criado dificuldades para o comércio britânico. Além de inúmeras formas de reparação, os ingleses também exigiram a posse de Hong Kong, uma ilha ao sul de Cantão, que a partir de então seria o principal entreposto dos comerciantes britânicos na China. Em 1842, foi assinado o Tratado de Nanquim, um acordo de paz que também era um acordo comercial, colocando em evidência dois elementos complementares que se tornariam mais frequentes a partir de então: os tratados desiguais e a chamada "diplomacia das canhoneiras".

Navios a vapor com canhões passaram a ser usados para garantir a prevalência dos interesses europeus não só na China, como também em várias outras partes do continente asiático. A ameaça de ataque ou mesmo sua efetivação acabava levando à assinatura de tratados comerciais desiguais, que rompiam com amarras protecionistas locais e desestruturavam as economias tradicionais. As potências ocidentais, que competiam entre si pelo acesso aos mercados chineses, viam as medidas protecionistas estabelecidas pela dinastia Qing como obstáculos por estimularem a baixa demanda dos mercados chineses por produtos industrializados que elas tinham a oferecer.

Em 1844, os Estados Unidos impuseram o Tratado de Wanghia, que alterava a carga tributária do comércio entre americanos e chineses. No mesmo ano, a França obteve o Tratado de Whampoa, que, além de proporcionar aos franceses vantagens comerciais, exigiu que a China abrisse suas fronteiras para as atividades missionárias cristãs, sob pena de intervenção militar francesa.

Visando expandir seus domínios e avançar suas posições comerciais, os ingleses tomaram fortes locais na embocadura em Cantão à revelia das autoridades chinesas. Em 1854, as autoridades britânicas exigiram uma revisão do tratado comercial, propondo a inclusão de cláusulas como a legalização irrestrita do ópio, a regulamentação do tráfico de pessoas (os *coolies*) e a implementação de uma embaixada britânica na capital. Os governantes Qing, de mãos atadas, tentavam protelar essa revisão.

> **COOLIES**
>
> O termo *coolie* (uma corruptela do termo chinês *kuli*, que significa "trabalho árduo") já era usado no Pacífico, derivado das muitas formas de trabalho coercitivo existentes em locais que recebiam migrantes chineses trazidos por comerciantes chineses ou de outros países. Mas a entrada das companhias britânicas e francesas de comércio na China alterou profundamente a dinâmica do tráfico de pessoas existente, ampliando a demanda por esse tipo de trabalho forçado numa escala nunca antes vista.
>
> Em 1833, os britânicos aboliram oficialmente a escravidão em todo seu império colonial e, para substituir a mão de obra necessária para sustentar a infraestrutura econômica, os *coolies* foram a principal alternativa utilizada em boa parte da Ásia, da África e das Américas. Com o tempo, também franceses, holandeses, americanos e portugueses optaram por ela. Em alguns casos, a semelhança do trabalho dos *coolies* com o trabalho escravo era mais evidente, com registros de sequestro, cativeiro e até marcação em brasa nos corpos dos trabalhadores. A "escravidão por dívida" também era comum nos locais que empregavam a mão de obra *coolie*. Algumas companhias americanas chegaram a usar navios negreiros para transportar trabalhadores chineses durante a chamada "corrida do ouro" na costa oeste dos Estados Unidos.
>
> Embora indianos também tenham sido vítimas do tráfico de pessoas para trabalhar como *coolies* ao redor do planeta, sua concentração ficou mais restrita ao Império colonial Britânico. Já os *coolies* trazidos da China se disseminaram ao redor do mundo. Nas Américas, Cuba, Peru e Estados Unidos tornaram-se destinos importantes dessa diáspora chinesa. Entre 1847 e 1875, cerca de 500 mil *coolies* chineses haviam imigrado para as Américas. No Brasil, durante os debates referentes à substituição da mão de obra africana, o *coolie* chinês chegou a ser pensado como alternativa (finalmente descartada) para a classe senhorial. Até meados da Primeira Guerra Mundial, havia comunidades de *coolies* chineses disseminadas em todos os continentes do planeta.

Em 1856, um incidente diplomático envolvendo um navio britânico acusado de pirataria foi o estopim de um novo conflito armado. Em outubro desse ano, uma expedição militar britânica atacou a cidade de Cantão e conquistou-a rapidamente, numa ação conjunta com forças de *mariners* dos Estados Unidos. Começou assim a Segunda Guerra do Ópio, uma clara demonstração do assalto ocidental à China.

Aproveitando-se do fato de que os britânicos tinham que lidar simultaneamente com a Revolta dos Cipaios na Índia (1857), os franceses declararam guerra à dinastia Qing por ter executado o missionário Auguste Chapdelaine. Até mesmo o Império Russo valeu-se da situação e enviou uma representação militar para Hong Kong, visando negociar a abertura de portos para a comercialização com a China.

Em 1857, o governante da província de Guangdong, onde ficava Cantão, Ye Mingchen, foi preso e levado para Calcutá, morrendo no ano seguinte. Sem defesa e tendo perdido o controle da região de Cantão para os ocidentais, os chineses submeteram-se ao Tratado de Tientsin, concedendo a ingleses, franceses, americanos e russos permissão para instalarem representações diplomáticas em Pequim, acesso aos portos e direitos de navegação e comércio em toda extensão do rio Yang-Tsé.

Contudo, os tratados não foram bem aceitos por membros da corte em Pequim, e parte das forças imperiais seguiu lutando nos arredores da capital imperial, procurando resistir contra os estrangeiros. Em 1860, após uma série de massacres cometidos contra combatentes chineses, a força conjunta das superpotências adentrou a cidade, saqueou e incendiou o antigo Palácio de Verão, dentro do complexo palaciano chamado Cidade Proibida, onde residia o imperador. Completamente acuada, a dinastia Qing estabeleceu a Convenção de Pequim, que não apenas ratificou o Tratado de Tientsin, mas também estendeu direitos civis e de propriedade a todos os cristãos na China, além de ceder a península de Kowloon aos britânicos e legalizar o comércio intermarítimo de pessoas e de ópio. O outrora orgulhoso Reino do Meio viu-se despedaçado pela ação das potências estrangeiras. Os chineses, então, estranharam que os estrangeiros não quisessem tomar o Mandato Celestial. De fato, não havia por parte das potências ocidentais nenhum interesse em tornar a China grandiosa, o que lhes interessava efetivamente era transformar o país em um mercado submetido aos interesses do capitalismo global do século XIX.

REBELIÕES E REVOLTAS: O COLAPSO DO IMPÉRIO

Um ano após a Queda de Pequim, o imperador Xianfeng morreu, deixando como herdeiro o príncipe Zaichun, de apenas seis anos de idade. Por conta de um golpe de Estado, quem assumiu como regente foi Cixi, a imperatriz consorte, também chamada de Imperatriz Viúva, que ficaria no poder de 1861 a 1908. Nesse período, o governo imperial tinha duas preocupações: a expansão militar e comercial dos ocidentais sobre os territórios chineses; e as revoltas camponesas que estavam ganhando força em todo o país.

Para lidar com a primeira, a imperatriz passou a favorecer os políticos da corte ligados à chamada "Restauração Tongzhi", um movimento que preconizava que a China deveria "aprender com os estrangeiros", estabelecendo relações diplomáticas com os países ocidentais, reformando sistemas de governança, diplomacia, comércio, tecnologias e até mesmo aspectos culturais da China a partir de perspectivas vindas do Ocidente.

OS PÉS DE LÓTUS

Na metade do século XIX, para além das epidemias de doenças e fome que grassavam pelo território chinês, um costume se disseminava pelo país: os "pés de lótus", que consistia em atar os pés das meninas desde a mais tenra idade com faixas de algodão, ou seda, chegando a quebrar os ossos para limitar seu crescimento, deixando-os pequenos pelo resto da vida. Ao longo do processo de regeneração óssea, unguentos e faixas eram postos para tentar garantir que a musculatura não fosse afetada, estabilizando o tamanho do pé. A prática havia se originado com as mulheres da corte da dinastia Song, por volta do século X d.C., procurando atender às demandas estéticas dos homens da corte, e era identificada em especial com os chineses da etnia *han*.

Durante a dinastia Qing, houve uma preocupação de que a prática não se difundisse, pois, para os manchus, ela era considerada violenta e, em termos concretos, dificultava o trabalho das mulheres no campo. A desagregação social no século XIX, contudo, acabou popularizando a prática dos "pés de lótus" entre as famílias camponesas que esperavam casar suas filhas com homens da nobreza rural da etnia *han*. Com isso, os casos aumentaram e as técnicas utilizadas se tornaram ainda mais rudimentares.

Para muitos missionários cristãos, que não viam com clareza as distinções entre os *han* e os demais grupos étnicos chineses, a prática era mais um sinal da "barbárie chinesa". Escolas exclusivas para meninas chinesas administradas por esses missionários afastavam as garotas do costume dos "pés de lótus". Isso gerou uma profunda tensão dentro da corte Qing. Por um lado, os manchus acreditavam que o hábito ligado aos chineses *han* deveria ser banido. Por outro, viam a atuação dos missionários cristãos como mais uma intromissão indesejável do Ocidente em meio à expansão imperialista.

No final do século XIX, Liang Qichao, famoso reformador do governo Qing, defendeu a necessidade da educação das mulheres como um empreendimento do Estado chinês. Liang Qichao também propôs o fim da prática dos "pés de lótus". Mas foi somente com a Revolução Xinhai (1911) e o novo governo republicano que ela se tornou ilegal, como um sinal de emancipação das mulheres.

Mas a outra questão era ainda mais urgente: a chamada Rebelião Taiping, iniciada em 1850 no sul da China, que chegou a reunir mais de 10 mil soldados camponeses comandados por um inusitado líder messiânico chamado Hong Xiuquan, um missionário cristão que se intitulava "irmão mais novo de Jesus Cristo". Hong Xiuquan e seus seguidores se propunham a construir o Reino dos Céus na Terra (também chamado de *Taiping*). Diante da desestruturação da corte, esses rebeldes conseguiram arregimentar cada vez mais camponeses, prometendo terras e trabalho para todos, alistando também mulheres e promovendo o fim da propriedade privada por onde passavam.

O governo de Cixi, por sua vez, passou a comprar armas e tecnologias das potências ocidentais para que o Exército Imperial pudesse aplacar as revoltas camponesas e conter os avanços *taiping*. Esse esforço endividou a China ainda mais.

As revoltas camponesas não se restringiam somente aos *taiping* (finalmente derrotados em 1864). Desde o declínio da balança comercial do Reino do Meio, no início do século XIX, a escassez de prata inviabilizou obras públicas para a agricultura. Canais, diques e represas foram sendo abandonados e, com isso, boa parte da capacidade agrícola do país foi drasticamente reduzida. Ao mesmo tempo, o recrutamento militar forçado, para fazer frente aos ocidentais, e a alta tributação de guerra haviam enfraquecido a capacidade de subsistência no meio rural. Aos poucos, a fome e as doenças se tornaram endêmicas na realidade rural chinesa, despertando então uma série de revoltas camponesas.

Cena da batalha de 1857 pela retomada da capital de Ruizhou, então ocupada pelas forças rebeldes *taiping*, retratada pelo artista chinês Wu Youhu.
[*A reconquista da capital provincial de Ruizhou*, 1886]

Na época em que a Rebelião Taiping se consolidava nas províncias do sul da China, no norte, era a Rebelião Nian que grassava no meio rural desde 1853, quando bandos se organizaram, proclamando a morte dos funcionários da dinastia Qing e de "todos os ricos". A Rebelião Nian, menos organizada que a Taiping, mostrou-se, contudo, mais duradoura. Oficiais da dinastia Qing e grandes aristocratas locais ameaçados pelo banditismo rural buscaram refúgio em Pequim. Somente em 1868 os generais Qing conseguiram acabar completamente com essa rebelião, assassinando seus últimos líderes.

A década de 1870, porém, não viu nenhum descanso no meio rural chinês. Desde 1853, na província de Yunnan, a oeste, rebeldes muçulmanos liderados por Du Wenxiu, um burocrata da etnia *hui* convertido ao islamismo, tinham como objetivo derrubar a dinastia Qing, considerada não apenas corrupta, mas responsável pela perseguição e pelo assassinato de muçulmanos em diferentes províncias do sul e do oeste da China. Yunnan inteira chegou a ficar nas mãos dos rebeldes da chamada Rebelião Panthay, que só foi efetivamente destruída pelos governantes Qing em 1873, após 20 anos de combates.

Os muçulmanos na China sempre foram minoritários, mas estavam presentes no Reino do Meio desde o século VIII, em especial nas províncias mais a oeste. Quando a dinastia Qing expandiu seus domínios por antigos territórios mongóis na Ásia Central, anexou a província de Xinjiang (por volta de 1755), majoritariamente ocupada por muçulmanos de diferentes grupos étnicos. A dinastia imperial denominou esses grupos como *hui*, um termo utilizado para designar muçulmanos, e instaurou na região uma série de fortes militares para evitar revoltas contra o domínio imperial. No século XIX, com o enfraquecimento do Reino do Meio, Xinjiang viveu uma onda de rebeliões. A mais importante foi a chamada Revolta Dungan, que teve início em 1862, com os *hui* se armando contra os chineses da etnia *han*, o principal grupo étnico do país.

Diante das tensões, os combatentes do Exército Imperial estacionado na província procuraram acalmar os *hui*, propondo a separação e a transformação da província em um Estado muçulmano, em aberta oposição aos interesses da corte em Pequim. A Revolta *Hui*, aplacada pelo governo somente em 1877, abriu espaço para que a Rússia passasse a pleitear o controle dos territórios no norte da China. Os *hui* que haviam se mantido fiéis ao Império Chinês foram beneficiados, e muitos se tornaram comandantes e generais das forças imperiais em Pequim.

Na década de 1870, as reservas financeiras do Império estavam esgotadas e, para piorar, em 1876 uma grande fome atingiu o nordeste chinês. As cifras da mortandade decorrente dela variam entre 9,5 milhões a 13 milhões de pessoas. Foi somente em 1879 que as chuvas na região se normalizaram e os auxílios do governo conseguiram mitigar o desastre.

Missionários estrangeiros atribuíam as mortes à corrupção dos oficiais Qing, que desviavam recursos destinados aos mais necessitados. Para os governantes Qing, era a presença estrangeira e a imposição dos tratados desiguais que haviam enfraquecido toda e qualquer capacidade do Estado de prestar auxílio aos camponeses.

As disputas de poder se acirraram. O jovem Zaichun chegou à maioridade, tornando-se o imperador Tongzhi, interrompendo o governo de Cixi. Contudo, sua inabilidade diante das intrigas da corte o levou ao isolamento. Tongzhi morreu precocemente em 1875. Cixi reassumiu o trono imperial e a corte em Pequim continuaria envolta em disputas internas.

As políticas de aproximação com as potências ocidentais e a compra de armas e tecnologia dos anos recentes haviam transformado o Exército Imperial em uma força modernizada de caráter ocidental, passado a ser chamado de Exército Beiyang. Todavia, ainda que o Exército Beiyang ostentasse novas armas e uma mais eficiente disciplina militar, não conseguia fazer frente à "diplomacia das canhoneiras" que pressionava constantemente a China, levando-a a perder o controle de portos, territórios e até regiões inteiras.

Além dos ingleses, franceses (que empreenderam nova guerra contra a China para assegurar suas posições na Indochina em 1884), americanos e russos, agora alemães e japoneses também assediavam territórios chineses. Nos dizeres da época, o país estava se tornando um "melão em fatias".

Em 1894-1895, após uma breve guerra naval (a Guerra Sino-japonesa), os japoneses expulsaram os chineses da Coreia e conquistaram para si a ilha de Formosa (atual Taiwan). Em 1897, depois de uma série de incidentes, o Império Alemão passou a controlar o porto de Qingdao, no norte da China.

Nesse contexto, estoura em 1899 a maior das revoltas camponesas da China até então, conhecida como Rebelião dos Boxers. O termo *boxer* era uma referência a um grupo de rebeldes budistas chamado Sociedade dos Punhos Harmoniosos, que acreditava no poder dos amuletos, na incorporação divina e na proteção celestial contra armas de fogo. Sem uma liderança específica, essa revolta se disseminou a partir de um sentimento antiestrangeiro, mas que não visava derrubar o Mandato Celestial, ou seja, os governantes de então. Isso fez com que os *boxers* angariassem a simpatia de muitos funcionários da corte Qing, inclusive da própria imperatriz Cixi.

Os *boxers* eram apenas um entre os muitos grupos que se levantaram contra os estrangeiros no período. Em geral, os rebeldes arregimentavam e treinavam milícias camponesas nas mais diferentes regiões da China. Sua postura antiestrangeira os levou a desenvolver uma espécie de protonacionalismo chinês sob bandeiras de inspiração mística.

Inicialmente, a Rebelião dos Boxers era marcadamente anticristã, mas, conforme os rebeldes se aproximavam de Pequim, passaram a atacar não apenas missionários, mas qualquer comerciante ou emissário diplomático estrangeiro que encontrassem pelo caminho.

Em 1901, a revolta foi aplacada por uma inusitada aliança. Como o Exército Beiyang se recusava a atacar os *boxers*, oito países criaram a Aliança das Oito Nações, unindo-se para subjugar os revoltosos e impor duríssimas sanções à imperatriz Cixi. Eram eles: Inglaterra, França, Alemanha, Rússia, Estados Unidos, Japão, Império Austro-Húngaro e Itália. As forças da Aliança conseguiram tomar a cidade de Pequim e massacrar os rebeldes.

Para assegurar que os demais movimentos de contestação surgidos no campo fossem debelados, a Aliança passou a subsidiar o comandante do Exército Beiyang, o general Yuan Shikai, para que ele liderasse uma campanha – que duraria dez anos – contra todo e qualquer levante camponês na China.

Isolada, Cixi se viu obrigada a acenar com a paz para a Aliança das Oito Nações, que exigiu em troca pesadas reparações de guerra, territórios e retribuições. Nos seus últimos anos, a imperatriz procurou passar a imagem de que sua dinastia era aliada do Ocidente.

A REPÚBLICA E OS SENHORES DA GUERRA

Em 13 de novembro de 1908, faleceu a imperatriz Cixi; no dia seguinte, morreu seu sobrinho, o imperador Guangxu. O sucessor era outro sobrinho de Cixi, Pu Yi, de apenas 2 anos de idade, criando um vazio de poder e impasses entre os regentes sobre como governar um país convulsionado por revoltas no campo e nas grandes cidades.

Em 1898, Guangxu havia anunciado uma série de reformas sociais, jurídicas e políticas que acabaram sendo suprimidas pela centralização de poder promovida por Cixi. Com a morte de Cixi, reavivou-se a discussão sobre elas. A defesa das reformas somou-se a um sentimento antimanchu promovido pelos chineses *han*, mas também à xenofobia e ao protonacionalismo *boxer*, tornando-se a base ideológica de grupos "restauracionistas", "reformistas" e até mesmo "revolucionários".

Em 1905, o médico e líder político Sun Yat-sen conseguiu unificar algumas das maiores organizações de oposição ao governo imperial numa aliança chamada Tongmenghui. Essa aliança a princípio foi estabelecida entre intelectuais e políticos exilados, como o próprio Sun Yat-sen, mas rapidamente aglutinou setores médios chineses (intelectuais e militares, entre outros) e até mesmo setores de uma elite chinesa local. Seus discursos passaram a ganhar coloração nacionalista e avançaram de uma perspectiva constitucionalista pró-reformas para posições revolucionárias e republicanas.

Os anos seguintes viram inúmeros levantes se espalharem pela China, promovidos por grupos ligados à Tongmenghui. Em 1910, o clima político indicava que a corte Qing havia perdido o controle, sem efetivo militar para conter tantas revoltas simultâneas. A gota d'água veio no ano seguinte, em outubro, quando alguns jovens oficiais do Exército Beiyang tomaram a cidade de Wuchang, na província de Hubei, declarando um governo autônomo e militar, e o general Yuan Shikai foi chamado para reprimir a revolta no cargo de primeiro-ministro do imperador. Já em novembro, Yuan Shikai optou por negociar com os revoltosos, estabelecendo compromissos entre o Exército e a Tongmenghui, na rebelião que ficaria conhecida como Revolução Xinhai.

Outras províncias controladas por rebeldes também declararam autonomia perante a dinastia Qing. Em dezembro, Sun Yat-sen retornou à China como líder incontestável da Tongmenghui e principal candidato a presidir o novo governo revolucionário chinês. Em 1º de janeiro de 1912, representantes das províncias rebeldes decretaram a fundação da República da China, inaugurando uma nova era política depois de milênios de Mandato Celestial. O antigo Reino do Meio era agora oficialmente um Estado-nação que se queria moderno.

Contudo, havia ainda militares que apoiavam o imperador. Yuan Shikai procurou atuar junto à corte de Pequim para evitar mais violência, orientando que Pu Yi abdicasse do trono e ficasse confinado dentro do Palácio Imperial da Cidade Proibida, abrindo mão de qualquer poder político. Em fevereiro de 1912, a dinastia Qing renunciou ao Mandato Celestial; Yuan Shikai tornou-se representante das províncias do norte, enquanto nas províncias do sul, Sun Yat-sen proclamava um governo provisório em Nanquim. Em comum acordo entre as partes, Shikai seria o presidente provisório da China, sob a condição de convocar uma Assembleia Constituinte para o país.

A partir daí, Sun Yat-sen articulou com os principais grupos da Tongmenghui a criação de um partido político para atuar diretamente na Assembleia Constituinte, o Kuomintang (ou Partido Nacionalista Chinês). Nas votações do final de 1912, o Kuomintang conseguiu ampla maioria de assentos e elegeu o primeiro-ministro, Song Jiaoren.

O equilíbrio de poder entre os militares conservadores (muitos deles agora aliados de Yuan Shikai) e os nacionalistas não duraria muito tempo. No ano seguinte, Yuan Shikai ordenou o assassinato de Song Jiaoren e começou a assumir empréstimos massivos com bancos estrangeiros sem a autorização do Parlamento. Contrariando setores mais radicais do Kuomintang, partidários de Yuan Shikai exigiram que as restrições ao voto feminino e a defesa do voto censitário fossem cláusulas pétreas da Constituição. Indignados, os nacionalistas ameaçaram com um novo levante, mas foram reprimidos pelo Exército Beiyang reunificado em torno da presidência de Yuan Shikai. Sun Yat-sen foi novamente ao exílio. Em poucos meses, o Parlamento foi forçado a votar a favor da reeleição de Yuan Shikai. Praticamente todos os deputados nacionalistas foram cassados. E, por fim, o Parlamento acabou dissolvido, permitindo ao general governar de forma autocrática e estabelecer as bases para sua própria Constituição.

A ditadura de Yuan Shikai, contudo, teve curtíssima duração. Com a eclosão da Primeira Guerra Mundial, o Japão passou a cobiçar os territórios alemães na China. Ao mesmo tempo, cidades como Xangai e Cantão se tornaram portos de embarque de milhares de trabalhadores chineses para o Ocidente, para suprir a produção industrial europeia, afetada pela guerra. Combinado a isso, muitos nacionalistas passaram a optar pela ação direta e pela sabotagem, destruindo ferrovias e fábricas chinesas e estrangeiras, com o objetivo de enfraquecer e isolar o governo.

Assessorado por intelectuais ocidentais e ex-ministros da dinastia Qing, Yuan Shikai procurou dar maior legitimidade a seu poder proclamando-se, em novembro de 1915, imperador da China e "restaurando" o antigo Reino do Meio. Contudo, muitos oficiais Beiyang simpatizantes da Revolução Xinhai se opuseram ao ato proclamatório e declararam sedição. Esses oficiais acabaram formando milícias e comandos militares privados, e declarando sua independência do governo de Pequim. Diante da forte oposição – com adversários políticos exigindo sua deposição – e percebendo-se cada vez mais isolado, Yuan Shikai abdicou do trono em março de 1916. Poucas semanas depois, em julho, ele viria a falecer de insuficiência renal.

A China estava politicamente muito dividida. A morte de Yuan Shikai apenas evidenciou essa situação, quando teve início a chamada Era dos Senhores da Guerra. Os generais e os comandantes do Exército Beiyang se recusavam a admitir ordens vindas de Pequim e se refugiavam em províncias, onde começaram a estabelecer governos próprios e a controlar as atividades econômicas – entre elas, o comércio de ópio, armas e até mesmo de pessoas, tanto *coolies* quanto prostitutas.

Os nacionalistas do Kuomintang que retornavam para a China não confiavam nem nos políticos de Pequim, que eram próximos de Yuan Shikai, nem nos militares Beiyang. Nos tensos meses que se seguiram à morte do primeiro presidente chinês, os nacionalistas estabeleceram as bases para um governo também separatista a partir de Cantão, no sul. Enquanto isso, em Pequim, os sucessores de Yuan Shikai lutavam entre si, incapazes de reunificar o país.

Quando a Primeira Guerra terminou, a China estava politicamente convulsionada. O regime de Pequim era débil, e muitos dos acordos secretos estabelecidos por Yuan Shikai com os japoneses vieram às claras. O mais célebre era um tratado chamado "21 demandas", por meio do qual diplomatas japoneses praticamente declaravam a China colônia do Império Japonês. Quando os termos dos acordos ficaram conhecidos, na Conferência de Versalhes em 1919, uma rebelião estudantil de proporções gigantescas irrompeu em Pequim. A Revolta do Quatro de Maio foi o primeiro dos muitos protestos estudantis que marcariam a história da China ao longo do século XX e, ainda que o caráter antijaponês tenha sido o deflagrador imediato da rebelião, ela rapidamente incorporou outras pautas, como o nacionalismo republicano, o anarquismo, o socialismo e o feminismo, em sintonia com várias das novas tendências políticas ocidentais. Foi nessa época que o jovem Mao Tsé-tung, estudante na Universidade de Pequim, se aproximou de muitas das ideias revolucionárias que formariam o líder político do futuro Partido Comunista Chinês.

A Conferência de Versalhes acabou barrando as demandas japonesas, mas a situação política chinesa não se acalmou. Os nacionalistas aproveitaram a força da recém-estabelecida União Soviética e sua política internacionalista para angariar apoio para a sua causa. Sun Yat-sen estabeleceu diálogo com um adido militar soviético chamado Mikhail Borodin, que estava interessado em uma aliança entre as forças comunistas e os nacionalistas. Essa aliança duraria alguns anos e daria força ao Partido Comunista Chinês (PCCh), um novo partido criado em 1919. Intelectuais como Li Dazhao, Chen Duxiu e o futuro *premier* chinês, Zhou Enlai, foram alguns dos seus principais fundadores. Tão logo emergiu, o PCCh teve de lidar com uma importante diretriz vinda de Moscou: aproximar-se do Kuomintang, o único partido anti-imperialista da China.

Sun Yat-sen, por sua vez, avaliou que a aproximação com os soviéticos poderia lhe ser favorável. A aliança com o PCCh permitiria convênios diplomáticos e militares com a URSS, fortalecendo o Kuomintang no cenário de fragmentação política da China. Em 1923, Sun Yat-sen enviou para a União Soviética o jovem tenente Chiang Kai-shek para treinar e armar um exército, o Exército Revolucionário Chinês. Ao retornar à China, Chiang Kai-shek ficou responsável pela criação da Academia Militar de Whampoa, cuja tarefa seria lutar pela reunificação da China sob a bandeira do Kuomintang.

A cooperação entre nacionalistas e comunistas permitiu que boa parte do sudeste chinês ficasse sob domínio do Kuomintang já em 1924. Porém, em março de 1925, Sun Yat-sen acabou falecendo, deixando o Partido Nacionalista temporariamente acéfalo. Por um lado, setores mais à esquerda desejavam aprofundar a colaboração com o PCCh, entendendo que isso lhes trazia vantagens militares e organizativas. Os setores mais à direita, contudo, entendiam que quanto mais o Kuomintang abrisse espaço para os comunistas, menos apoio teria por parte de setores da burguesia chinesa. Em maio de 1925, Chiang Kai-shek afastou as lideranças mais à esquerda com o aval do próprio Josef Stalin, que vinha angariando poder dentro da União Soviética. Stalin entendia que os comunistas chineses deveriam se submeter ao comando nacionalista e preservar a Frente Unida contra o imperialismo.

No centro das disputas das linhas políticas estava a cidade de Xangai, no sul da China. Desde a Primeira Guerra do Ópio, Xangai foi forçada a se abrir para o comércio com os estrangeiros. Os subsequentes tratados desiguais permitiram que ingleses, americanos e franceses operassem dentro dos limites da cidade, inclusive com direito especial à coleta de impostos, representação jurídica e forças policiais próprias. Rapidamente, a cidade tornou-se "a capital do ópio na China", controlada pelo crime organizado e em conluio com as potências estrangeiras. Foi nesse contexto que os comunistas passaram a ganhar mais e mais espaço na cidade, em especial a partir do apoio dos operários de Xangai. Em 1925 e 1926, os comunistas lideraram centenas de greves na cidade, enfrentando dura repressão por parte dos estrangeiros lá instalados e do crime organizado. Praticamente paralisada por greves no ano de 1926, a cidade recebeu a alcunha de "Xangai vermelha". Com receio do avanço dos comunistas, diversos representantes estrangeiros propuseram um acordo a Chiang Kai-shek; em abril de 1927, o líder do Kuomintang, em aliança com líderes do crime organizado, decretou "lei marcial" em Xangai, aproveitando para combater seus rivais políticos e proibindo a existência do PCCh de uma vez por todas (os comunistas foram lançados à clandestinidade). Terminava assim, com a "Traição de Xangai", a cooperação entre comunistas e nacionalistas. O poderio militar autônomo do Kuomintang consolidou-se em todo o sul da China. O PCCh retrocedeu, com muitos líderes comunistas assassinados ou obrigados a fugir para o campo.

Fotografia tirada por ocasião da Terceira Plenária do Segundo Comitê Central
do Kuomintang (10 de março de 1927, autor desconhecido) que reuniu
membros do Kuomintang e do Partido Comunista Chinês, entre eles o jovem Mao Tsé-tung
(na segunda fileira, o terceiro da direita para a esquerda) –, um dos últimos atos de
colaboração entre os dois partidos antes do episódio conhecido como a "Traição de Xangai".

COMUNISTAS E NACIONALISTAS EM GUERRA

Nos anos 1920, apesar das divergências entre nacionalistas e comunistas, havia um entendimento comum de que os "senhores da guerra" representavam um atraso político profundo na China. Alguns dos chamados *clique* (os domínios desses senhores) ficaram famosos por receberem apoio ocidental, já que não era do interesse das potências imperialistas uma China unificada. Assim, enquanto no sul o Kuomintang procurava unificar a China, no norte os "senhores da guerra" disputavam o território chinês entre si, enquanto recebiam "favores" dos ocidentais. Um dos mais famosos "senhores da guerra" era Zhang Zuolin, líder do *clique* de Fengtian, na atual Manchúria.

Zhang Zuolin era um famoso bandido do norte da China que atuava a serviço do Exército Japonês quando, na presidência de Yuan Shikai, foi incorporado como oficial do Exército Beiyang. Zhang ascendeu na hierarquia militar. Em 1916, com o apoio do Japão, declarou a independência da província de Fengtian da República da China. Em 1926, avançou com o Exército de Fengtian sobre Pequim, sendo praticamente o último obstáculo que restava aos nacionalistas para a efetiva unificação da China.

Em 1928, após uma intensa campanha militar, Chiang Kai-shek conseguiu chegar a Pequim. As tropas nacionalistas, apoiadas agora por potências imperialistas após a "Traição de Xangai", foram capazes de rapidamente debelar o Exército de Fengtian. Contrariados, os aliados japoneses assassinaram o general Zhang Zuolin, colocando no poder o seu filho, Zhang Xueliang. A Manchúria ainda continuava sob domínio do Exército de Fengtian, mas, pouco a pouco, os militares foram desertando e se aproximando dos nacionalistas.

O Kuomintang chegava então ao seu auge: a conquista de Pequim consagrava seu domínio sobre boa parte da China. No sul, os nacionalistas agora eram estimulados a perseguir os comunistas restantes no interior do país.

As novas gerações de líderes comunistas agora atuavam no campo, estabelecendo sovietes rurais para se proteger e armar os camponeses em regiões como Yunnan e Jiangxi. Líderes como Mao Tsé-tung e Zhu De passaram a ganhar destaque, tanto por conhecerem melhor a realidade dos trabalhadores rurais como por sua experiência militar.

A intensa repressão do Kuomintang fez com que, em 1934, milhares de militantes comunistas liderados por Mao Tsé-tung iniciassem uma marcha por pântanos, desertos e montanhas da China para fugir da perseguição. Os relatos dramáticos sobre as dificuldades da Grande Marcha, como ficou conhecida posteriormente, acabariam colocando em Mao Tsé-tung uma espécie de aura heroica, permitindo que sua liderança se tornasse inconteste já em 1935. Contudo, a estrutura organizacional do Partido Comunista Chinês estava reduzida a uma série de pequenas bases dispersas nas províncias de Shaanxi e Shanxi, com pouco mais de 30 mil filiados e praticamente isolados politicamente.

No poder, nessa época, Chiang Kai-shek estava implementando uma série de mudanças. Procurando portar-se como um estadista que visava restaurar a República da China, organizou as finanças e estabeleceu novos acordos comerciais com potências estrangeiras em troca da soberania dos portos do país. Aos poucos, parecia que a China estava voltando a ter estabilidade. Até 1930, a indústria do país cresceu de forma acelerada, mas os impactos da Crise de 1929 fizeram minguar os investimentos estrangeiros. No início de 1931, as exportações chinesas caíram drasticamente e a economia entrou mais uma vez em declínio.

A crise global do capitalismo era apenas um dos problemas que os nacionalistas tinham de enfrentar. Em setembro de 1931, forças japonesas na Coreia provocaram um incidente na ponte de Mukden, na Manchúria, e avançaram suas tropas sobre os territórios do "senhor da guerra" local, Zheng Xueliang. Em poucas semanas, o governo japonês ocupou militarmente a província e expulsou forças do Kuomintang para a fronteira. A tomada da Manchúria pelos japoneses, concretizada no início do ano de 1932, foi extremamente custosa aos chineses, que perderam uma das regiões mais valiosas para a mineração. Sem conseguir fazer frente aos japoneses e sem obter apoio da Liga das Nações, o governo nacionalista passou a se preparar para uma eventual guerra com o Japão.

Para imbuir os chineses de um espírito nacionalista patriótico, Chiang Kai-shek estimulou movimentos civis-militares, como o Movimento da Nova Ordem, que misturava elementos do cristianismo e do confucionismo para promover uma unificação filosófica e moral em torno de "valores chineses". Ele também incentivou a formação de milícias ligadas ao Kuomintang, os chamados "camisas azuis", responsáveis pela repressão a movimentos sociais discordantes e pelo controle social. O regime de Chiang Kai-shek efetivamente se convertia em uma ditadura, cujas características centrais eram o anticomunismo, o militarismo e o nacionalismo. No plano internacional, desde a ascensão do nazifascismo na Europa, o regime do Kuomintang passou a ser visto como potencial aliado alemão contra a União Soviética; diplomatas chineses e alemães tentaram insistentemente trazer a China para o Pacto Anti-Comintern, mas foram frustrados pela ação dos diplomatas japoneses.

Com o crescente assédio do Japão sobre territórios da China e o isolamento diplomático de Chiang Kai-shek, havia na população o receio de que os japoneses derrotassem facilmente os chineses numa eventual guerra. Diante desse cenário, em maio de 1936, o mais novo líder do PCCh, Mao Tsé-tung, decide escrever uma carta para Chiang Kai-shek propondo a criação de uma Frente Unida contra os japoneses, com a retomada da aliança entre nacionalistas e comunistas. Depois da Grande Marcha e do seu estabelecimento em Shanxi, os comunistas passaram a montar frentes guerrilheiras contra os japoneses, mas entendiam que não tinham condições de vencer um inimigo tão superior no plano militar. A aliança com os nacionalistas, não obstante a "Traição de Xangai", era vista como única saída para resistir ao imperialismo nipônico. Contudo, Chiang Kai-shek recusou qualquer ligação com os comunistas, mantendo sua retórica anticomunista e apegando-se ao poder político e institucional que mantinha.

Em dezembro de 1936, um dos generais nacionalistas, Zheng Xueliang (o filho de Zhang Zuolin), sequestrou Chiang Kai-shek na cidade de Xi'an, com o intuito de obrigar os nacionalistas a se unirem novamente aos comunistas. Essa ação acabou mobilizando diversos setores do Kuomintang para o estabelecimento da Frente Unida. Chiang Kai-shek, isolado, foi obrigado a ceder. Em dezembro de 1936, a Frente Unida foi finalmente estabelecida. A máquina de guerra nipônica já estava a postos e, seis meses depois, o Império Japonês atacaria a China, dando início à Segunda Guerra Sino-Japonesa.

O Japão entre samurais e camicases (1801-1945)

A história do Japão remonta a uma monarquia estabelecida a partir da região de Yamato, a "corte de Yamato", no século VII d.C., e que, em 701, efetivamente passou a se chamar Japão, ou *Nippon* ("Terra do Sol Nascente"). A partir daí, o reino se expandiu e consolidou seu poder num conjunto de ilhas que configuram o atual território japonês.

Uma relativa unidade étnico-cultural caracterizava a ilha central, em Honshu. Mas a história japonesa viveu diversos períodos de fragmentação política. Desde o século XIV, a figura do imperador estava desprestigiada, reduzida a papéis cerimoniais, pois o poder político se concentrava nas mãos do xogun, que era um senhor de terra com poder militar baseado em exércitos compostos pelos chamados "samurais". Os xoguns por vezes eram desafiados por senhores de terra locais, os daimiôs, que também tinham seus exércitos privados. Esse cenário fez com que o Japão passasse por um período conturbado que ficaria conhecido pelos japoneses como Sengoku Jidai ("Período dos estados guerreiros").

ONNA-BUGEISHA: AS MULHERES SAMURAIS

A sociedade japonesa antes da Restauração Meiji tinha uma curiosa particularidade que a distinguia de outras sociedades patriarcais. O estamento dos guerreiros, os samurais, desde o período Sengoku, viu a ascensão de mulheres que andavam armadas, eram peritas em combate, atuavam em batalhas e, com isso, conquistavam posições políticas de relevo. Elas eram chamadas de *onna-bugeisha* ou *onna-musha* ("mulheres guerreiras") e carregavam os sobrenomes aristocráticos do seu estamento.

No período Tokugawa, contudo, a pacificação do país gerou uma onda conservadora na sociedade, e os samurais homens passaram a repudiar a presença das mulheres nos campos de batalha. Para muitos aristocratas, as mulheres tinham um *status* inferior, mesmo que fossem do mesmo estamento que os homens. Essa visão passou a ser compartilhada pelos guerreiros que, agora, consideravam que o papel das mulheres deveria se restringir às funções reprodutivas. Ainda assim, algumas mulheres se mantiveram guerreiras graças ao domínio de técnicas específicas, como o combate com lança e espadas. Nos séculos XVII e XVIII, houve guerreiras que comandaram escolas de combate como gabaritadas professoras de artes marciais japonesas. Outras organizaram *Joshitai*, batalhões femininos, que atuavam em cidades e aldeias como responsáveis pela proteção da população local.

Conforme a convulsão política e social tomou conta do Japão no final do período Edo, as mulheres samurais voltaram a atuar nos campos de batalha. Do lado do Xogunato, durante a guerra civil, figuras como Nanako Takeko e Yamamoto Yaeko lideraram um batalhão feminino na defesa do castelo de Aizu. A derrota em combate não apagou a imagem das mulheres samurais, mas a ordem política da Era Meiji extinguiria o estamento dos samurais e proibiria a entrada de mulheres no Exército Imperial.

Na Era Meiji, que valorizou a seu modo as tradições japonesas, as mulheres samurais seriam bastante retratadas nas artes. O artista Tsukioka Yoshitoshi, por exemplo, retratou as batalhas da Rebelião de Satsuma (1877) em uma série conhecida como "Descrição da Campanha Punitiva contra Kagoshima na província de Satsuma". Ao longo do século XX, a participação feminina seria gradualmente esquecida, cristalizando a imagem masculinizada do samurai.

Essa enorme divisão interna foi percebida pelos portugueses já na primeira expedição ao Japão, em 1543. Nessa época, o clã Hosokawa controlava o posto de xogun, mas vivia sob constante ameaça de rebeliões promovidas por senhores locais. Para os comerciantes lusitanos, era mais fácil estabelecer acordos locais – em especial, os que envolviam comércio de armas – do que acordos com o xogun. Na esteira da Contrarreforma na Europa, os missionários da Companhia de Jesus viram no Japão um terreno fértil para disseminar o cristianismo. As armas de fogo vindas da Europa e a introdução da fé católica colaboraram para abalar ainda mais a ordem social japonesa, já desgastada pelas guerras entre as aristocracias rurais. A arma de fogo modificou a forma de lutar. Antes, o samurai era visto como membro de um estamento à parte, orgulhoso de suas habilidades adquiridas em treinos específicos e em diversos combates, com formação filosófica e *status* político. Com a introdução das armas de fogo, esse guerreiro viu os chamados exércitos de infantaria ganharem proeminência e uma letalidade até então inimaginável. Já o catolicismo – em uma leitura profundamente radical da igualdade dos homens perante Deus – foi apropriado por líderes de revoltas camponesas que se recusavam a pagar tributos impostos pelos daimiôs.

No século XVI, não só os portugueses, mas também ingleses, espanhóis e holandeses disputavam o acesso ao mercado japonês. E é nesse contexto que o daimiô Oda Nobunaga, após uma série de campanhas militares contra o Xogunato Ashikaga e o que restava do clã Hosokawa, conseguiu unificar o Japão ocupando a posição de xogun em 1582. Mas Oda Nobunaga foi assassinado nesse mesmo ano e seu segundo em comando, Toyotomi Hideyoshi, ficou no poder até 1598, quando morreu após fracassar em uma tentativa expansionista que envolvia a conquista de países vizinhos, como a Coreia e a China.

Quem então assumiu o poder foi o comandante Ieyasu Tokugawa, um nobre oriundo de um clã até então com menos prestígio. Tokugawa era próximo de Nobunaga e Hideyoshi, e entendia que, com a morte de ambos, era seu direito tornar-se xogun. Em outubro de 1600, assumiu o posto de patriarca do clã Tokugawa e derrotou as forças dos daimiôs rebeldes. Os 15 anos seguintes viram a consolidação do chamado Xogunato Tokugawa, um governo que marcaria de forma indelével a história japonesa contemporânea.

O PERÍODO EDO E O ISOLAMENTO DA TERRA DO SOL NASCENTE

Após a vitória em Sekigahara, quando derrotou os últimos daimiôs rebeldes, Ieyasu Tokugawa começou a reorganizar a corte xogunal, criando sistemas de redistribuição de terras entre os daimiôs mais fiéis e isolando politicamente aqueles que se opunham a ele. Em 1605, ele abdicou do Xogunato em favor de seu filho Hidetada, mas seguiu trabalhando até 1615 para consolidar o poder de seu clã no governo. Para isso, os Tokugawa se concentraram em dois objetivos: conter o avanço dos estrangeiros no Japão e pacificar os daimiôs.

Desde os tempos de Oda Nobunaga, os principais daimiôs entendiam que armas de fogo e cristianismo tinham sido elementos disruptivos para a ordem social japonesa, estimulando a revolta de camponeses e atentando contra o poder dos senhores e dos samurais. Após ordenar a expulsão de cristãos de regiões controladas pelo Xogunato, Iemitsu Tokugawa (neto de Ieyasu) estabeleceu as bases da política *sakoku*, marcada por uma série de leis que rompiam unilateralmente o comércio com outros países e procuravam expulsar os estrangeiros do Japão. A partir delas, o comércio internacional ficou restrito ao porto de Dejima, em Nagasaki, intermediado por uma feitoria holandesa, pondo fim em décadas de influência portuguesa e espanhola nas ilhas japonesas. Quanto ao cristianismo, em 1614, a família Tokugawa já havia promulgado a expulsão dos cristãos, dando permissão aos senhores locais para condenar à morte qualquer missionário encontrado em terras japonesas. A própria fé cristã passou a ser proibida, fazendo com que a prática do cristianismo se tornasse clandestina.

É nesse contexto que, em 1638, ocorreu em Shimabara, no sul do Japão, uma revolta de camponeses que se consideravam cristãos. Liderada por um jovem de 17 anos chamado Shiro Amakusa, a Rebelião de Shimabara foi duramente esmagada pelas forças do Xogunato Tokugawa. A partir dela, o *sakoku* foi reforçado e virou política institucional que nortearia o regime até meados do século XIX. Ainda haveria tumultos no campo nos anos seguintes, mas a força subversiva que o cristianismo representava perdera ímpeto.

Restava ainda a pacificação dos daimiôs. A redistribuição de terras promovida por Ieyasu Tokugawa já surtira efeito, priorizando o acúmulo de terras nas mãos do seu próprio clã, de famílias próximas e demais aliados, o que criou os chamados *fudai daimyo* (ou "senhores ligados à família Tokugawa"). Mas o receio de que os levantes camponeses pudessem fazer os senhores locais novamente se militarizarem e contestarem o poder do xogun levou a família Tokugawa a criar uma nova instituição chamada *sankin-kotai*. Com ela, todo daimiô do Japão era obrigado a passar seis meses na capital Edo, prestando reverências ao governo Tokugawa, e a deixar sua família na capital quando retornasse ao seu domínio pelos seis meses seguintes. Esse sistema acabou forçando muitos daimiôs a reduzirem suas despesas para poderem viver na corte e estabeleceu uma espécie de controle institucional do Xogunato sobre os poderes regionais. A centralidade de Edo fez com que o período Tokugawa também fosse chamado de período Edo.

A partir dessas políticas de isolamento insular e pacificação dos senhores, a família Tokugawa efetivamente consolidou seu poder na segunda metade do século XVII. A pacificação gerou um impacto assombroso na economia e na demografia japonesa. Sem as constantes guerras internas, as pandemias foram controladas de forma mais sistêmica, o que impulsionou aumentos na taxa de natalidade e reduziu a mortalidade infantil. A agricultura camponesa pôde desenvolver novas técnicas de plantio de arroz, aumentando a produção de alimentos de modo acelerado e constante até meados de 1720. Por fim, a *sankin-kotai* fez com que cidades como Edo, Osaka e Kyoto experimentassem um acelerado crescimento. No início do século XVIII, o Japão governado pelos Tokugawa atingiu um grau de estabilidade política e econômica inédito.

Contudo, na metade do século XVIII, inúmeros sinais revelavam que o modelo de governo adotado pelo regime Tokugawa passava por crises estruturais. Colheitas ruins e tributos elevados cobrados pelos daimiôs (para cobrir os custos da *sankin-kotai*) acabaram desestabilizando o campo em diversas regiões do Japão. As soluções, em muitos casos, tinham de ser negociadas, porque a força militarizada dos samurais encontrava-se desativada. Proibidos de trabalhar na terra, ou de realizar atividades artesanais, muitos desses guerreiros acabaram endividados, sendo até mesmo expulsos dos feudos de seus antigos senhores, tornando-se *ronin* ("samurais sem senhores"). O estamento dos guerreiros ressentia-se com as mudanças sociais, e voltou-se especialmente contra os comerciantes que se enriqueciam cada vez mais, criando focos de instabilidade política. Como a maior parte da receita dos daimiôs vinha da tributação da terra, muitos comerciantes escapavam ilesos dessa demanda dos senhores locais. Com capital disponível, aumentavam seus ganhos com empréstimos com altíssimas taxas de juros.

No início do século XIX, a corte Tokugawa preocupava-se com o declínio do estamento dos samurais, mas mantinha suas posições originais sobre a importância de pacificar os senhores locais, sem alterar os sistemas de governança xogunal. Contudo, em 1800, o crescimento econômico estancou e o aumento dos tributos no campo pesou duramente sobre camponeses, que voltaram a lidar com a fome e as doenças relacionadas. Os daimiôs, em geral, mostraram-se incapazes de lidar com as novas dificuldades do campo.

Alguns dos domínios que não estavam diretamente alinhados à família Tokugawa tiveram maior autonomia para arriscar experimentos com o objetivo de tirar a economia local da estagnação. Em províncias como Choshu e Satsuma, por exemplo, foi feita no início do século XIX uma série de reformas fiscais e tributárias que dinamizaram a produção local de arroz e de manufaturas. Além disso, os daimiôs desses locais flexibilizaram o controle alfandegário em suas províncias, estimulando atividades comerciais e até mesmo contrabando – o que alimentou uma crescente tensão com o Xogunato.

Todavia, em geral, no início do século XIX, o Japão enfrentava grandes dificuldades. Muitos senhores locais reduziram seus domínios, passando a defender a necessidade da venda de terras para poder arcar com os custos de seu estilo de vida.

A resposta do Xogunato veio em 1841 com as chamadas Reformas Tenpô, que pretendiam reforçar o isolamento econômico e aumentar os investimentos na agricultura enquanto reprimiam as atividades comerciais. Essas reformas eram imbuídas de forte conotação moralista: apregoavam a importância da vida frugal e a redução do luxo por parte da aristocracia, o que diminuiria a pressão tributária sobre os camponeses. Contudo, muitos senhores já buscavam suas próprias respostas, distantes do olhar vigilante do Xogunato Tokugawa, no contrabando, que passou a se disseminar no sul do Japão.

Da parte das nações estrangeiras, a pressão marítima já estava colocada desde o século XVIII. Desde 1778, mercadores russos tentavam, sem sucesso, abrir o mercado japonês ao norte. No início do século XIX, eram os comerciantes americanos e ingleses interessados em atuar no Japão que esbarravam nas interdições impostas pela política do *sakoku*. A natureza dessa pressão mudou, contudo, após a Primeira Guerra do Ópio (1839-1842); emissários chineses advertiram os japoneses acerca das intenções comerciais do Ocidente, gerando apreensão entre os daimiôs fiéis ao Xogunato diante da possibilidade de uma abertura comercial realizada à força.

Esse temor tinha razão de ser. A primeira expedição militar que efetivamente "abriu" o mercado japonês para o que as potências ocidentais chamavam de "livre-comércio" foi a comitiva do comodoro estadunidense Matthew Perry, que chegou à costa japonesa, na baía de Edo, ameaçando o Japão com quatro navios de guerra em 1853. Enviada diretamente pelo presidente Millard Fillmore, ela ficaria conhecida entre os japoneses como *kurofune* ("navios negros"). Seus disparos "de advertência" contra o vilarejo costeiro de Uraga e a intimidação direta aos membros do governo do xogun para que o Japão assinasse um tratado de livre-comércio com os Estados Unidos abalaram o Xogunato Tokugawa, que, contra sua vontade, acabou cedendo aos interesses americanos.

A RESTAURAÇÃO MEIJI

Em pouco tempo, representantes da Inglaterra, da França e dos demais países do Ocidente também conseguiram arrancar tratados desiguais do governo Tokugawa, limitando as tarifas comerciais, abrindo mercados e criando "tribunais paralelos" para cidadãos estrangeiros no Japão. Esses tribunais envolviam o envio de magistrados para o Japão para serem responsáveis por manter a ordem jurídica da metrópole europeia, julgando os europeus que cometessem crimes no país, mesmo que suas vítimas fossem japonesas. O resultado disso foi um aumento massivo da oferta de produtos estrangeiros, desregulando completamente a economia metalista japonesa, que viu a inflação disparar, drenando os cofres do Xogunato. Durante a década de 1860, a crise foi tão intensa que cerca de 70 toneladas de ouro saíram do Japão rumo às casas mercantis da Europa.

Isso alterou profundamente a ordem social interna japonesa. Os comerciantes, antes socialmente vistos como "sujeitos sem honra", transformaram-se nos principais intermediários da presença estrangeira no país, acumulando ainda mais capital e se tornando cada vez mais influentes na política cortesã. Por outro lado, os samurais, incapazes de fazer frente à presença militar das expedições comerciais dos estrangeiros, estavam desprestigiados. Os camponeses, duramente atingidos pela inflação, abandonavam as terras em que trabalhavam em busca de outras fontes de sustento nas cidades.

Em razão dessas mudanças sociais, as décadas de 1850-1860 foram especialmente turbulentas. Muitos samurais se tornaram *shishi*, guerreiros errantes que se atribuíam a tarefa de expulsar os estrangeiros do Japão. Em 1860, alguns *shishi* assassinaram brutalmente às portas do castelo de Edo o primeiro-ministro Ii Naosuke, considerado responsável pela assinatura de alguns dos principais tratados comerciais do Japão. A partir desse assassinato político, muitos outros ocorreram pelas mãos de *shishi* contra representantes diplomáticos estrangeiros e autoridades do próprio governo Tokugawa consideradas "traidoras". Esses atentados endureceram ainda mais a postura das embaixadas estrangeiras, exigindo providências por parte do xogun. O Xogunato, que temia se indispor com os samurais, via-se acuado.

Daimiôs rebeldes das províncias de Satsuma e Choshu, cansados das intervenções diretas da corte de Edo, passaram a liderar revoltas e campanhas militares que desafiavam a autoridade do xogun, em 1864 e em 1866, exigindo maior autonomia política. Mas faltava ainda um elemento que unificasse os senhores de terra que se rebelavam. Esse elemento foi identificado na figura de Matsuhito, o então príncipe imperial. Em 1867, por ocasião da morte de seu pai, o jovem foi coroado com o título de imperador Meiji, assumindo o trono com apenas 15 anos de idade. Muitos *shishi* e daimiôs rebeldes viram no novo imperador um símbolo político poderoso. O processo de tomada de poder pelo imperador – conhecido como Restauração Meiji (1868) – foi feito a partir da restauração do seu efetivo poder político (o imperador não exercia tal poder desde o período Muromachi), mas agora em uma nova ordem política e social.

Após a morte de Iemochi Tokugawa, que não deixou herdeiros, abriu-se uma crise sucessória até que um príncipe de um ramo distante da família, Yoshinobu Tokugawa, bastante contestado na corte, assumiu o poder. Nessa mesma época, adversários do regime entendiam a aliança que a corte estava tentando estabelecer com o Segundo Império Francês, para modernizar o Exército japonês, como uma capitulação terrível perante os estrangeiros.

No final de 1867, as províncias de Satsuma, Choshu e Tosa romperam oficialmente com o governo Tokugawa, carregando bandeiras imperiais e conclamando: *Sonno joi* – que numa tradução aproximada seria: "Reverenciem o imperador e expulsem os bárbaros!". Em janeiro 1868, procurando controlar essa revolta, Yoshinobu Tokugawa mandou suas tropas para Kyoto, que foram rapidamente derrotadas. Ficou claro que o Xogunato Tokugawa estava isolado. Em maio de 1869, senhores fiéis ao xogun se dobraram à vontade dos rebeldes, que proclamaram a restauração do poder do imperador Meiji. Iniciou-se então um novo regime. Ainda que centralizando o poder na figura do imperador, esse regime reconhecia a necessidade de um gabinete político que conduzisse o país à modernização e lhe permitisse participar na ordem internacional em pé de igualdade com as demais nações. Na realidade, em pouco tempo, o novo Império Japonês mostrou-se um regime oligárquico, controlado de forma indireta pelos senhores de Satsuma e Choshu. Os novos donos do poder procuraram realizar uma série de reformas: unificaram a estrutura político-administrativa do governo e exigiram que os daimiôs entregassem suas terras ao Estado, recebendo em troca um estipêndio fixo e vitalício. O novo regime passou a vender as terras, instaurando um mercado de terras até então inexistente no Japão e permitindo a propriedade privada da terra.

Outro objetivo das reformas foi desarmar as milícias de samurais, inclusive os *shishi*. Seus serviços agora eram vistos como caros demais e incompatíveis com o projeto de construir um sistema de forças armadas moderno, com base em mérito, não mais em *status*. Assim, os samurais foram impedidos de usar roupas diferenciadas e portar espadas, perderam seu prestígio social e passaram a receber do governo um valor fixo para se "aposentarem" de seu ofício. Tais medidas chegaram a gerar descontentamento até mesmo entre apoiadores do governo Meiji, como Saigo Takamori, governador de Satsuma.

Xilogravura do artista Taiso Yoshitoshi, a qual faz parte da coleção "Biografias dos valentes tigres bêbados" (1874), que retrata o ocaso do estamento dos samurais após a Restauração Meiji.
Nessa obra em particular, a imagem da mulher guerreira contrasta com a da mãe que carrega a criança.

Saigo Takamori acabou removido do governo imperial em 1873, após seus planos de invadir a Coreia terem sido postos de lado pelo gabinete Meiji. Ao retirar-se para Satsuma, contrariando as proibições imperiais, Takamori montou academias militares voltadas para treinar ex-samurais com armas de fogo e táticas de combate ocidentais. Em 1877, após um ultimato do governo imperial para que Takamori fechasse suas academias, a província de Satsuma se levantou contra o governo Meiji. A Rebelião de Satsuma, contudo, foi prontamente debelada.

O governo imperial fez massivos empréstimos financeiros para modernizar seu próprio Exército com as armas mais tecnológicas conhecidas na época. Com isso, a dívida externa do país saltou de 28 para 70 milhões de libras ao final da Rebelião de Satsuma. Mas esse não foi o único motivo pelo qual o país se endividou tão rapidamente.

O custo de cooptar os daimiôs dependia de alocá-los dentro da estrutura do Estado. Muitos dos senhores de terra recebiam polpudas "mesadas" do governo imperial tornando-se senadores vitalícios. Já outros recebiam os estipêndios com condições, como a compra de terras, minas e fábricas do Estado japonês. Esse processo permitiu a formação de uma burguesia no Japão a partir da antiga oligarquia terratenente. Pelo próprio caráter da concentração de riqueza, esses burgueses passaram a comprar os empreendimentos de pequenos e médios camponeses e artesãos. Em um espaço de duas décadas depois da ascensão do imperador Meiji, o Japão já tinha seus primeiros zaibatsus, conglomerados de empresas capitalistas sob o controle de poucas famílias.

Para promover esse crescimento capitalista, algumas medidas foram centrais. Houve um forte incentivo estatal para realocar senhores e samurais na nova estrutura produtiva. Da parte dos senhores, os estipêndios do regime garantiam também empréstimos facilitados, desde que houvesse investimentos dirigidos às atividades produtivas – como em fábricas, minas e fazendas. Muitos jovens samurais, por sua vez, tendo perdido seu *status*, foram recrutados por oficiais do governo para missões diplomáticas em que deveriam estudar técnicas e métodos ocidentais, trazendo-os depois para o Japão. Esse procedimento foi crucial para a adoção de novas técnicas nas manufaturas japonesas. No meio rural, muitos camponeses que migraram para as cidades compuseram um exército industrial de reserva bastante útil à industrialização do país.

A economia japonesa, nesse primeiro momento, industrializou-se rapidamente apostando nos estímulos tecnológicos (e se endividando profundamente para trazer técnicas e máquinas inovadoras na produção). Porém, a massa de trabalhadores rurais e urbanos vivia em condições muito precárias, alimentando uma indústria que se concentrava em atividades pesadas e produzia poucos bens de consumo. Assim, os zaibatsus reinariam soberanos na economia japonesa, que rapidamente se inseria na fase monopolista do capitalismo. Enquanto isso, atividades complementares da renda camponesa (como a criação de bicho-da-seda) eram fundamentais para boa parte da indústria japonesa. Essas dualidades todas seriam o traço marcante da economia japonesa até o final da Segunda Guerra Mundial.

Vinte anos depois da coroação do imperador, portanto, somente em 1889, o novo regime promulgou uma Constituição. Desde 1881 já havia demandas internas nos gabinetes imperiais a favor de uma Carta de Direitos, entendendo que isso facilitaria o reconhecimento por parte das potências ocidentais da nova ordem política japonesa. Todavia, o caráter oligárquico do poder tornava-o refratário a ideias de republicanismo, democracia ou mesmo de soberania popular (no sentido de dar ouvidos à opinião pública japonesa). Ademais, havia um entendimento do primeiro-ministro da época, Ito Hirobumi, de que o modelo alemão de governo – estabelecido após a Unificação bismarckiana – era o mais interessante para o Japão: uma Carta Constitucional que limitasse profundamente o poder dos representantes e desse um grande poder ao imperador (representado por seu gabinete). A Constituição só foi referendada graças a pressões das oligarquias japonesas.

Segundo a Carta Magna do país, o Senado estabelecia-se como órgão vitalício e os senadores assumiam o posto mediante indicação imperial. A Câmara baixa, por sua vez, era censitária e masculina, excluindo assim boa parte da população japonesa; os mandatos poderiam ser revogados diretamente por ordem do imperador. O Judiciário era composto por juízes nomeados a partir do gabinete imperial. Enfim, o regime estabelecido era o de uma monarquia constitucional, mas com traços de absolutismo. Um deles, o mais evidente, dava-se na ideia de soberania que, contrariando a percepção ocidental e liberal, compreendia que o poder soberano da nação emanava do imperador, e não do povo. Qualquer ofensa ao regime e ao imperador era tida como ofensa à nação, fechando a possibilidade de qualquer crítica ao governo no país.

Em 1890, o governo Meiji consolidou um novo momento da economia do país. Os investimentos das décadas anteriores haviam permitido um rápido crescimento industrial, com ênfase na construção de ferrovias (no final de 1880) e no estabelecimento de mercados internos dinâmicos, com produção de bens manufaturados para suprir as principais fábricas japonesas. Conforme o Japão conseguia cumprir os compromissos financeiros com seus credores, tornava-se aos poucos novamente protecionista, limitando o acesso dos estrangeiros aos seus mercados. Como muitas das novas ferrovias eram construídas a partir de diretrizes dadas pelas Forças Armadas, em parceria com as grandes companhias, o Estado acabava sendo o principal parceiro no investimento em infraestrutura produtiva do país. De fato, as Forças Armadas tornaram-se rapidamente um dos setores mais importantes da economia industrial japonesa. A demanda crescente por armas e suprimentos acelerou ainda mais a economia do país, alçando generais e almirantes a postos de destaque no governo, responsáveis por ditar os rumos da própria política econômica. Na década de 1890, as demandas para que o mercado japonês se expandisse ganharam forte apoio entre os oficiais que defendiam o controle de territórios então considerados "extensões naturais do poderio japonês", a começar pela península da Coreia.

Nessa época, o governo Meiji já havia consolidado seu poder na ilha de Okinawa, ao sul, bem como na região de Hokkaido, ao norte. As populações nativas dessas regiões foram subjugadas, tornando-se mão de obra e mercado consumidor ligados à expansão da economia nipônica. Mas a máquina de guerra que começou a ser montada no final do século XIX tinha em vista prioritariamente o acesso ao continente asiático. E mirava no grande vizinho do Japão: a China.

A Coreia de então se resumia a um pequeno reino vassalo da China imperial. Sua posição peninsular lhe garantira relativo isolamento político e econômico na Era do Imperialismo europeu na Ásia. Contudo, com a chegada dos ocidentais, a Coreia buscou proteção da China imperial, esperando que o poderio chinês limitasse o assédio das potências capitalistas. Mas, desde as Guerras do Ópio, ficou evidente que o Império Chinês não conseguia mais fazer frente ao Ocidente. Os japoneses então avaliaram que, conforme o assédio de ingleses e franceses se voltava para os vizinhos da China, logo a Coreia se tornaria um "protetorado" de alguma potência ocidental.

A surpresa, portanto, foi que os japoneses tomassem a dianteira levando a Coreia a estabelecer em 1876 um tratado comercial com o Japão, o Tratado de Ganghwa, que definia a Coreia como "nação soberana", livre para agir à revelia do Império Qing. A partir desse momento, as disputas entre chineses e japoneses pelo controle comercial coreano se acirraram. Em 1894, uma revolta camponesa estourou na Coreia, servindo como pretexto para as autoridades japonesas enviarem tropas que "controlassem a sublevação". A China protestou contra essa intervenção e teve início a Primeira Guerra Sino-Japonesa, com duração de pouco mais de um ano. A China, às voltas com seus problemas com as potências ocidentais, não conseguiu fazer frente ao poderio militar e econômico japonês. À derrota militar dos chineses se seguiu o Tratado de Shimonoseki, que não apenas garantiu a autonomia coreana para negociar com o Japão, mas também conferiu aos japoneses a posse territorial de províncias chinesas como Liaotung, ilhas Pescadores (Penghu) e Taiwan, além de uma reparação de guerra que ajudaria a afundar a já vacilante economia chinesa.

Os resultados da Guerra Sino-Japonesa não foram suficientes para os japoneses desejosos de expandir os domínios do Império Japonês. Mas a vitória absoluta certamente fez com que o Japão se percebesse como militarmente superior na Ásia, uma potência na região. Todavia, aos olhos do Ocidente, o Japão ainda não era capaz de fazer frente às demais potências mundiais. Sua posição insular, seu isolamento político e sua modernização recente permitiam que outras nações duvidassem da capacidade japonesa de efetivamente intervir no Extremo Oriente. Em 1898, após a Guerra Hispano-Americana, os Estados Unidos se estabeleceram nas Filipinas, chegando inclusive a anexá-las (situação que durou até 1902). Na mesma época, no Sudeste Asiático, franceses, holandeses e ingleses passaram a dividir os territórios coloniais de forma ainda mais acelerada. O Império Russo, que havia consolidado suas fronteiras siberianas já no final dos anos de 1860, conforme a ferrovia Transiberiana foi sendo construída, voltou-se para a Ásia Oriental, em especial para a rica Manchúria, região do norte da China, onde se encontravam as maiores jazidas de carvão de todo o Império Chinês. E, por fim, a Coreia, que os japoneses haviam tirado da esfera de influência da China, estava "mais livre" para ser assediada pelas potências ocidentais. Assim, na aurora do século xx, havia pouco espaço geográfico além da Coreia para os japoneses expandirem seus domínios.

As representações diplomáticas japonesas tentaram negociar junto aos russos uma divisão dos seus interesses na Ásia, oferecendo a Manchúria aos russos e reservando a Coreia aos japoneses. Contudo, o Império Russo já entendia que o Japão era seu maior rival na expansão colonial no Extremo Oriente e não procurou se esquivar de um conflito. Sem acordo, o Império Japonês atacou as posições russas em Port Arthur, na China, em 1904, dando início à Guerra Russo-Japonesa. Apesar da arrogância dos oficiais russos, a guerra mostrou-se particularmente custosa ao Império Russo. A marinha de guerra japonesa encontrava-se plenamente equipada, e os russos, apesar de uma tentativa desesperada em Tsushima, não conseguiram deslocar os teatros de guerra para águas japonesas, sendo forçados a lutar basicamente dentro de territórios da China (que se manteve neutra durante o conflito). Em 1905, os japoneses já tinham expulsado a maioria das forças russas estacionadas na Manchúria e tinham ocupado a ilha Sacalina. Estavam prestes a invadir a província russa de Vladivostok. Para piorar a situação do czar Nicolau II, as derrotas militares, altamente custosas para os civis russos, alimentaram uma grande revolta popular em 1905, duramente reprimida pelas forças do governo. Por conta de tudo isso, a corte imperial russa viu-se coagida a assinar o Tratado de Portsmouth, reconhecendo a coexistência dos interesses de Rússia e Japão na Ásia. Para o czar, o tratado foi uma grande humilhação. Para o Ocidente, serviu de alerta, mostrando que o Japão era uma potência imperialista disposta a enfrentar os europeus.

Para os japoneses, contudo, o tratado não satisfez. Os militares próximos ao poder advogavam que o Japão não apenas seria capaz de expulsar os russos da região, mas também de controlar todas as colônias russas na China, além de anexar a Coreia (o que foi possível em 1910, mas gerou uma série de custos políticos e econômicos). Parte da população civil – insuflada pelo militarismo exacerbado dos oficiais do Exército Imperial – ficou particularmente revoltada; motins populares chegaram a derrubar ministros e ameaçar a estabilidade do governo nos anos entre 1905 e 1918.

Nessa época, havia um novo clima político no Japão, quando ficou claro que o crescimento econômico acelerado não resolveu as mazelas sociais, e as promessas do expansionismo militar não se realizaram em virtude da forte competição imperialista na Ásia. O próprio imperialismo japonês gerou problemas internos, como a migração de coreanos para o Japão após 1910, recebida com forte sentimento xenofóbico por parte dos japoneses.

Nesse clima de descontentamento geral, a pressão pela legalização dos sindicatos no país se avolumou. Em 1901, havia sido criado o Partido Social-Democrata japonês, procurando reunir socialistas de todas as tendências. As atividades grevistas aumentaram enormemente. Anarquistas e anarcossindicalistas japoneses passaram a planejar "ações diretas" contra a monarquia. Em 1910, um grupo de anarquistas, que conspirava para matar o imperador Meiji, foi descoberto e debelado pela polícia.

Em 1912, o imperador Meiji viria a falecer de causas naturais, deixando dois legados para seu sucessor, o príncipe Taisho: o fim dos tratados desiguais com o Ocidente (celebrado em 1911) e a intensa repressão contra as oposições civis no país.

A ERA TAISHO E A NOVA ORDEM POLÍTICA

Tão logo o imperador Taisho assumiu o poder, uma crise política se estabeleceu. Para muitos membros da elite política japonesa, a morte do antigo imperador Meiji era uma oportunidade para reduzir o papel dos militares no governo e empreender reformas políticas. O primeiro-ministro Saionji Kinmochi tentou cortar os gastos do país com os militares, procurando assim reduzir a alarmante dívida pública japonesa. Isso fez com que os generais e os almirantes abdicassem de seus assentos no gabinete ministerial. Na queda de braço entre militares e civis, em 1913 o almirante Yamamoto Gonnohyoe assumiu o cargo de primeiro-ministro, mas deparou-se com uma oposição civil unificada.

Como o cargo de primeiro-ministro era preenchido por indicação do imperador, a oposição a Gonnohyoe foi vista como oposição também ao imperador Taisho. A imprensa, tão duramente censurada na Era Meiji, sentiu-se à vontade para denunciar escândalos de corrupção dos militares e de membros da corte imperial. Pressionado, Taisho teve novamente que indicar outro ministro, dessa vez um civil: Okuma Shigenobu. Contudo, a situação política não se tranquilizou, pois, três meses depois da indicação de Okuma Shigenobu, estourou a Primeira Guerra Mundial, e o Japão prontamente se enfileirou ao lado da Tríplice Entente.

Um acordo estabelecido com representantes ingleses permitiu que os militares japoneses logo conquistassem as posições alemãs na China. O gabinete civil de Okuma Shigenobu então compreendeu que, diante das disputas europeias, o Japão agora tinha maior liberdade para expandir-se sobre a Ásia. Longe dos olhares do Ocidente, Okuma Shigenobu redigiu um documento chamado "21 demandas", endereçado diretamente à República da China, que na prática transformava imensas parcelas do território chinês em colônias japonesas. O documento não chegou a ser ratificado, mas foi a base de negociações secretas entre governo japonês e chinês.

Enquanto isso, o governo japonês também decidiu aproveitar a decadência do Império Russo promovida pela guerra. Conforme a Revolução de Fevereiro (1917, inaugurando a primeira fase da Revolução Russa) dissolvia o governo czarista, o Japão expandia sua influência sobre a Manchúria e a Mongólia. Em dado momento, o governo japonês chegou até mesmo a ocupar parte da Sibéria, durante a Guerra Civil Russa.

Contudo, apesar dessa expansão, os acordos de paz em Versalhes ao final da Primeira Guerra foram considerados extremamente desvantajosos para os japoneses. Os territórios na China que os japoneses tinham retirado dos alemães tiveram que ser devolvidos aos chineses, enfurecendo algumas das grandes empresas japonesas da época. Os aliados russos dos japoneses no chamado Exército Branco estavam sendo esmagados pelos soviéticos, obrigando os japoneses e suas fábricas a desocuparem os territórios siberianos sem qualquer compensação. Mas, sem dúvida, nada foi mais impactante aos japoneses do que a recusa, em Versalhes, das "21 demandas" que o Japão fazia à China. As delegações americanas, francesas e inglesas recusaram terminantemente o estatuto colonial chinês perante o Japão e ainda alegaram que as colônias eram atribuições exclusivas dos ocidentais. Esses elementos alimentariam um profundo sentimento de revanchismo na sociedade japonesa, que os militares saberiam muito bem explorar no entreguerras.

Em 1918, uma série de greves e de revoltas por alimento chamadas de "motins do arroz" gerou profunda tensão no campo e nas cidades japonesas. Em 1919, a partir de uma fábrica de seda, estourou a primeira greve geral de trabalhadoras. Em 1921, o porto de Kobe foi completamente paralisado por conta de uma greve dos trabalhadores das empresas Kawasaki e da Mitsubishi. Nesse mesmo ano, foi formada a maior central sindical de trabalhadores no Japão, conhecida como Sodomei. A classe operária japonesa estava se tornando uma força incontrolável na estrutura social oligárquica do país.

Os conflitos sociais tiveram consequências políticas imediatas. Em 1921, o primeiro-ministro civil Hara Takashi foi brutalmente assassinado por um militante de extrema direita contrário à bandeira do sufrágio universal, que Takashi defendia. O anticomunismo também passou a se fortalecer, em especial entre os militares, que temiam qualquer mudança que tornasse a sociedade mais igualitária. Em dezembro de 1923, a imprensa oficial denunciou um suposto plano secreto de jovens intelectuais marxistas para assassinar Hirohito, o príncipe herdeiro. Em setembro do mesmo ano, militares e policiais japoneses haviam atuado para reprimir movimentos de esquerda (em especial, comunistas, anarquistas e socialistas) e de minorias étnicas, como os coreanos e os chineses que habitavam o país, no que ficaria conhecido como o Grande Massacre de Kanto, com cerca de 6 mil mortos.

Nesse episódio, a perseguição étnica se confundiu com a repressão política, pois muitos imigrantes coreanos estavam organizados em partidos e sindicatos de esquerda. A ação policial iniciou-se a partir de rumores sobre envenenamentos e terminou com a incitação de linchamento feita por oficiais do Exército e da polícia. Os líderes anarquistas Sakae Osugi e Ito Noe foram assassinados por oficiais que mataram também um sobrinho de Osugi de 6 anos de idade. Quando ficou conhecido, o caso gerou comoção na sociedade japonesa; como resposta das autoridades, os oficiais chegaram a ser presos, mas depois receberiam uma anistia concedida diretamente pelo imperador.

Na versão dos militares japoneses, divulgada pela imprensa e pelos setores mais conservadores, como os oficiais de alta patente, as mortes haviam sido necessárias para defender o imperador e a honra do país; os assassinatos políticos seriam demonstrações de patriotismo e, portanto, não deviam ser condenados. Na prática, a brutalidade dos eventos evidenciou uma cisão entre políticos civis e militares. Os políticos civis procuravam responsabilizar os militares, mas, ao mesmo tempo, não queriam estimular partidos e movimentos de esquerda.

Depois dessa queda de braço, um acordo selou temporariamente a paz entre civis e militares no governo. Foi dele que surgiu a Lei da Preservação da Paz, em 1925, que em termos práticos permitiu que o regime imperial japonês perseguisse qualquer movimento ou partido político que se mostrasse contrário à monarquia, à propriedade privada ou ao capitalismo. A pena de prisão poderia chegar a 10 anos. Essa lei acabou dando carta branca para policiais e militares continuarem combatendo o comunismo e a subversão no país. Por outro lado, a partir dessa mesma lei, foi estabelecido o sufrágio universal masculino. Eliminadas as tendências políticas radicais de esquerda, as oligarquias japonesas acreditavam que estava aberto o caminho para a democracia liberal no país.

A ERA SHOWA E O IMPERIALISMO JAPONÊS

Um dos que acabaram condenados pelo Grande Massacre de Kanto foi o tenente Masahiko Amakasu, então considerado o principal responsável pela morte de Sakae Osugi, Ito Noe e do menino. Mas foi anistiado e reintegrado ao Exército Imperial tão logo o imperador Hirohito ascendeu ao trono. Assim começava a Era Showa. *Showa* significa "Paz iluminada", mas a paz referida se dava nos termos das leis anticomunistas estabelecidas no ano anterior. No governo de Hirohito, os gabinetes civis se viram incapazes de dar conta da pressão dos militares, cada vez mais conservadores nas suas políticas e se posicionando como representantes únicos tanto do anticomunismo como do patriotismo japonês.

Fortalecidos politicamente, os militares foram enfraquecendo os gabinetes civis que, mesmo tendo aprovado o sufrágio universal masculino, eram vistos com desconfiança também pelas classes populares. De fato, para muitos trabalhadores, a repressão policial do período não tornava os gabinetes civis confiáveis e muitas agremiações simplesmente passaram a atuar na clandestinidade. A situação dos políticos civis ficou ainda mais instável diante das crises econômicas que afetaram o Japão nos anos 1920. Em 1927, inúmeras empresas decretaram falência, sendo praticamente engolidas por alguns poucos zaibatsus, indicando um controle monopolista da economia japonesa nunca antes visto, com poucos bancos centralizando em suas mãos a maioria das atividades fabris e mineradoras. Conglomerados, como o Banco Mitsui e o Banco Mitsubishi, tornaram-se fortemente imbricados com a política japonesa da época.

Quando a Crise de 1929 estourou, vários setores vitais da economia japonesa se viram paralisados. O governo civil era incapaz de dar uma resposta à altura da tragédia econômica. Em 1930, assinou tratados como o Tratado Naval de Londres (1930), que reduzia os investimentos na Marinha de Guerra, e aderiu ao Padrão Ouro, o que desvalorizou o iene japonês e aumentou o custo de vida. Tais medidas desagradaram tanto aos militares quanto às classes populares.

Em 1931, um corpo de militares japonês instalado na Coreia resolveu atacar divisões militares na Manchúria, na época dominada pelo senhor da guerra Zhang Xueliang. O chamado "incidente Mukden" permitiu a anexação de parte do território chinês, mas com os militares agindo à revelia do gabinete civil. Para os oficiais japoneses, o governo civil não tinha poder para desmobilizar o Exército e, além disso, havia o interesse compartilhado em conter o avanço do Kuomintang no norte da China. Com isso, não restou alternativa ao governo civil a não ser concretizar a anexação do território manchu, que se tonaria a ponta de lança para a conquista imperial japonesa no continente asiático como tanto queriam os militares. A região, rica em ferro e carvão, mostrou-se vital para acelerar a industrialização do Japão. O governo local – cuja figura simbólica era o último imperador da China, Pu Yi, colocado no cargo pelos japoneses – tornou-se um fantoche subordinado aos interesses do Japão.

A anexação da Manchúria, contudo, não foi suficiente para aquietar os militares japoneses. Jovens militares nacionalistas começaram a se organizar em pequenas células terroristas, com o objetivo de assassinar figuras públicas que eles consideravam responsáveis pela crise econômica. Em fevereiro de 1932, um grupo de oficiais ligados ao líder budista Nissho Inoue assassinou o presidente do Partido Constitucional Japonês (*Minseito*) e o presidente do Banco Mitsui. Em maio do mesmo ano, jovens oficiais invadiram a casa do primeiro-ministro Inukai Tsuyoshi, matando-o a tiros.

Outros atacaram com granadas a sede do Banco Mitsubishi. Tais eventos deixaram clara a incapacidade dos gabinetes civis em conter o terrorismo de direita. Militares de alta patente, membros da corte imperial e do judiciário, por sua vez, não colaboravam no combate aos atentados.

Grupos como a chamada Liga de Sangue (responsável pelo assassinato do presidente do Banco Mitsui) alegavam que seus atos eram cometidos contra "traidores" do país, em especial políticos e empresários que estariam "enfraquecendo o Japão". Quando chegavam a ir a julgamento público por seus crimes, manifestavam livremente suas opiniões e acabavam angariando simpatia de membros da imprensa. Eles, os "restauracionistas", diziam-se partidários da Restauração Showa, que ocorreria nos moldes da antiga Restauração Meiji, expulsaria os civis do governo e "restauraria" a figura do imperador acima dos políticos. No final dos julgamentos, esses oficiais terroristas acabavam recebendo penas brandas. Os militares mais conservadores iam ganhando terreno na política japonesa.

Entre 1932 e 1945, por pressão dos militares, os partidos políticos civis não conseguiram mais estabelecer as bases dos gabinetes japoneses até o fim da Segunda Guerra Mundial. Os poucos políticos civis que chegaram a assumir o cargo de primeiro-ministro viram-se obrigados a colocar generais e almirantes em funções centrais do gabinete para tentar conter o ímpeto radical dos restauracionistas (que, por sua vez, estavam adentrando aos mais altos escalões da política japonesa, inclusive recebendo missões diplomáticas e militares na Ásia e na Europa).

O regime japonês na Era Showa, durante a década de 1930, assemelhou-se ao fascismo europeu em questões como o militarismo crescente, o anticomunismo como política de Estado e o antiliberalismo (no Japão, bancado pelos restauracionistas). Todavia, o regime imperial manteve algumas particularidades. Hirohito era considerado uma figura cerimonial, e as decisões referentes ao gabinete, inclusive a nomeação de ministros, dependia da corte. De fato, sua figura simbólica era muito poderosa, mas sua autoridade política dependia especificamente dos militares que agora ocupavam os principais espaços da corte e dos gabinetes ministeriais.

Na década de 1930, o clima político havia mudado e a Liga das Nações não tinha força. Isso abriu caminho para que as ideias restauracionistas se somassem a pretensões imperialistas tradicionais japonesas, com o aval de praticamente todos os gabinetes. Em 1936, os ministros militares insistiam na necessidade do expansionismo japonês sobre a Ásia, enfrentando as potências coloniais europeias e oferecendo a "proteção" aos países asiáticos sob sua tutela. Tais países controlados pelos japoneses fariam parte da chamada "esfera de coprosperidade da Grande Ásia Oriental". As elites japonesas aderiram a essas ideias, estabelecendo novas alianças entre o alto oficialato e as grandes corporações.

Ao mesmo tempo, o Japão passou a se empenhar em produzir uma máquina de guerra capaz de enfrentar os países europeus que impusessem obstáculos a seus interesses. Além disso, o governo empreendeu um trabalho diplomático que aproximou o Japão da Alemanha nazista e da Itália fascista; em novembro de 1936, os japoneses assinaram o Pacto Anti-Comintern (uma iniciativa diplomática liderada pelo barão Hiroshi Oshima e pelo diplomata alemão Joachim von Ribbentrop, que estabelecia um acordo entre Japão e Alemanha contra os comunistas). Em 1937, ele incorporou a Itália fascista além de outros países europeus, como a Hungria e a Espanha, servindo de base diplomática para a formação da aliança dos Países do Eixo.

Com a garantia do apoio dessas potências europeias, o expansionismo japonês identificou seu alvo mais próximo: a República da China. Após anos de guerra constante, os nacionalistas chineses estavam prestes a unificar o país, o que, no entendimento dos japoneses, tornaria a China uma rival de peso no controle da Ásia pretendido pelo Japão. Buscando adiantar-se a isso e, ao mesmo tempo, apropriar-se dos valiosos recursos de que a China dispunha, o Estado-Maior japonês começou a planejar uma invasão ao vizinho. Mas antes de os preparativos estarem prontos, na noite de 7 de julho de 1937, soldados japoneses se anteciparam e avançaram sobre os chineses na ponte Marco Polo, que ligava a principal estrada da Manchúria a Pequim. Como já foi dito, começou assim a Segunda Guerra Sino-Japonesa (1937-1945), um conflito que antecede a Segunda Guerra Mundial, mas que, em determinado momento, funde-se a ela.

Entre julho e dezembro de 1937, as principais cidades litorâneas chinesas foram capturadas pelas forças japonesas. No episódio conhecido como o Massacre de Nanquim, as tropas do Exército Imperial cometeram atrocidades lembradas até hoje como um dos piores, senão o pior, morticínios dessa época de tantos conflitos. O número de mortos é alvo de disputas entre acadêmicos e políticos de Japão e China, mas a estimativa mais usual é em torno de 300 mil mortos somente em Nanquim e em apenas seis semanas de conflito – isso sem contar os casos registrados de tortura, mutilação e estupro em massa.

A guerra acabou se mostrando mais custosa do que os japoneses haviam previsto, e seu avanço pelo interior da China foi interrompido pela rápida reorganização de nacionalistas e comunistas chineses, atuando na Frente Unida.

Em 1940, em meio à guerra na Europa, os países europeus que temiam uma ação coordenada contra as suas colônias na Ásia pressionaram os Estados Unidos, país que até então se declarava neutro, a realizar um embargo econômico contra o Japão. Por sua vez, o expansionismo japonês já sentia a escassez de matérias-primas, em especial, do petróleo. Os embargos promovidos pelos americanos atingiram duramente a economia de guerra do Japão, mas os militares mais nacionalistas se recusaram a recuar. Hideki Tojo, almirante japonês, deu então ordens para um ataque a Pearl Harbor, base militar americana no Havaí. Esse ataque teria como propósito esmagar boa parte da frota naval dos Estados Unidos e, assim, manter os americanos afastados do conflito na Ásia. Porém, no momento do ataque, apenas uma fração da frota americana encontrava-se na base. O episódio acabou sendo crucial para a entrada dos Estados Unidos na Segunda Guerra Mundial.

Em 1942, os japoneses conquistaram as posições britânicas na Malásia e em Cingapura, apontando para uma expansão na Birmânia, na Índia e até mesmo na Austrália; fizeram um acordo com o Governo de Vichy (aliado dos nazistas) e, indiretamente, passaram a controlar a Indochina francesa; atacaram e dominaram em poucos meses praticamente toda a Indonésia antes controlada pelos holandeses; expulsaram os americanos das Filipinas, obrigando à dramática retirada do general Douglas MacArthur e de suas tropas. Estava claro, portanto, que em 1942 o Império Japonês era o maior inimigo dos Aliados na Ásia.

A participação japonesa na guerra mundial teve profundas repercussões internas no Estado Imperial Japonês. Em outubro de 1940, o gabinete Tojo proibira todos os partidos políticos, permitindo que apenas uma agremiação funcionasse no país, a *Taisei Yokusankai* (Associação de Assistência ao Regime Imperial). O principal fundamento dessa entidade era unificar o país em torno da defesa da participação na guerra, militarizando por completo a sociedade japonesa. Todos os canais de representação civil acabaram sendo fechados e a Associação passou a liderar os recrutamentos forçados de soldados para a guerra.

Quanto mais o país avançava por territórios, mais dependia de recursos para mantê-los, sendo obrigado a alimentar constantemente a sua máquina de guerra. Apesar da intensa mobilização, o cenário militar rapidamente passou a preocupar os japoneses quando a guerra na Europa experimentou uma virada dramática na Frente Oriental com a União Soviética resistindo aos avanços dos nazistas, especialmente após a Batalha de Stalingrado. No início de 1943, a situação se modificaria profundamente no Pacífico, quando os japoneses foram derrotados na Batalha de Guadalcanal, nas Ilhas Salomão. Essa derrota marcou a expansão das forças americanas no cenário do Pacífico e significou o início do fim das pretensões imperiais japonesas.

Nos anos 1943 e 1944, ficou claro que a máquina de guerra japonesa não conseguia mais fazer frente aos americanos. Nesse mesmo período, os japoneses tiveram que enfrentar diversos movimentos nativos que irromperam contra a sua ocupação em regiões da Ásia. Nacionalistas e comunistas chineses ganhavam terreno, ameaçando as posições japonesas no norte do país. Ainda que a União Soviética se mantivesse longe do conflito asiático, dando um alívio para o Japão, era questão de tempo para que os soviéticos começassem a combater os japoneses na Ásia.

No plano interno, a Associação recrutava cada vez mais jovens para o combate. Mas a falta de equipamentos e recursos dificultava até mesmo o treinamento dos novos soldados. É nesse contexto que o apelo ao fervor nacionalista se dá na criação dos chamados "pilotos camicases". A referência data do século XIII, quando tempestades na costa do Japão afundaram as embarcações mongóis que procuravam invadir as ilhas. Mas no contexto da Segunda Guerra, tratava-se de jovens pilotos inexperientes que, sem combustível para as viagens de volta, eram mandados para a batalha com ordens de morrer em nome do imperador; eles então jogavam seus aviões em ataques suicidas contra navios e embarcações americanas, visando atingir os inimigos.

Quando a guerra se encerrou na Europa, em maio de 1945, a situação do Japão estava extremamente difícil, com tropas japonesas sendo expulsas de Okinawa e civis sob intensos bombardeios em Tóquio. Em fevereiro daquele ano, na Conferência de Yalta, Stalin havia afirmado que, tão logo a guerra terminasse na Europa, iria enviar tropas para a Ásia, visando apressar a rendição japonesa. Os oficiais japoneses ficaram alarmados com essa possibilidade. Para os mais extremistas, a ideia era continuar lutando até o fim. A entrada soviética no campo de batalha asiático mudaria, contudo, a percepção dos militares mais pragmáticos sobre a rendição japonesa.

No dia 6 de agosto de 1945, os Estados Unidos lançaram sua primeira bomba atômica, na cidade de Hiroshima. No dia 8, a União Soviética declarou formalmente guerra ao Japão, atacando as posições japonesas na Manchúria. No dia 9, os Estados Unidos lançaram uma segunda bomba nuclear, agora sobre a cidade de Nagasaki. Na semana seguinte, no dia 15 de agosto, o imperador Hirohito comunicou aos seus súditos a rendição incondicional do Japão. Com isso, encerrava-se o sonho imperialista japonês, mas não a Era Showa – por seu poder simbólico, o imperador manteve-se no cargo.

Ideias revolucionárias na Ásia

O século XIX, do ponto de vista europeu, foi marcado pela difusão de ideias revolucionárias como liberalismo, nacionalismo, socialismo, comunismo, anarquismo, entre tantas outras. Em muitos casos, elas não foram apenas promessas transformadoras da antiga ordem social, mas serviram de base para políticas públicas, novas concepções sobre Estado, leis e povo. No final do século XIX e início do XX, tais ideais se espalharam pelo mundo. A princípio, remetiam a uma visão exclusivamente europeia, mas, com o tempo, ganharam outros conteúdos a partir de particularidades da África, da América Latina e da Ásia, em especial, a experiência do colonialismo. Em contextos de opressão colonial, diversas ideias de origem europeia foram incorporadas, reformuladas e ressignificadas a partir de demandas locais e, em muitos casos, acabaram ganhando forte conotação anticolonial.

LIBERALISMOS E NACIONALISMOS

As ideias de liberalismo econômico emergiram na Europa no final do século XVIII, mas levaria algum tempo para que se tornassem dominantes nas instituições políticas dos Estados nacionais. Somente em 1846, as Leis dos Cereais (*Corn Laws*) – leis protecionistas da produção agrícola inglesa – foram revogadas na Grã-Bretanha, no que foi considerado o primeiro ato político do liberalismo econômico em escala global. A retirada da pesada tributação sobre cereais permitiu que agricultores, atravessadores e comerciantes estipulassem os preços livremente, o que, na época, foi considerado algo revolucionário. As ideias de livre mercado ganharam cada vez mais defensores a partir de então.

Tais concepções afetariam profundamente países como Índia e China. Em 1842, após a Primeira Guerra do Ópio, o Tratado de Nanquim estipulou, em seu artigo 5º, o fim do sistema de guildas (o Cohong) em transações com comerciantes ingleses na China, enquanto o artigo 10º derrubou o protecionismo mercantil, estabelecendo novas e desiguais tarifas alfandegárias no intercâmbio entre ingleses e chineses. Esse documento, marcando um início de abertura comercial, favorecia os europeus em detrimento dos interesses da dinastia Qing e de muitos chineses, e assinalava a perda de prestígio do chamado Reino do Meio. Essa perda de prestígio, em termos econômicos, agravou-se posteriormente com os demais "tratados desiguais" que preconizaram condições comerciais semelhantes para as relações da China com outros países da Europa e os Estados Unidos. O interesse em compreender o funcionamento da economia ocidental cresceu entre as autoridades chinesas; em 1902, a obra de Adam Smith, *A riqueza das nações*, foi traduzida para o mandarim pelo aristocrata Yan Fu. Para as elites imperiais chinesas, a quebra do protecionismo era vista como um atentado contra a soberania do imperador e, consequentemente, contra o Reino do Meio. Nessa época, portanto, as ideias de livre mercado divulgadas pela intelectualidade britânica ainda eram vistas como "ideologias bárbaras" na China.

Até 1857, boa parte do território da Índia era controlada pela Companhia das Índias Orientais, uma empresa privada com forte caráter monopolista. Contudo, desde 1813 havia pressão dentro do Parlamento britânico para que a Companhia perdesse sua estrutura monopolista, permitindo, com o livre mercado, a atuação de outras empresas, inglesas e escocesas, em território indiano. Isso se concretiza apenas em 1833, quando a Companhia se torna o corpo administrativo das Índias e passa a permitir o comércio de empresas britânicas em território indiano, mas salvaguarda alguns de seus interesses (graças à atuação do governador-geral da Índia). A pá de cal nesse regime foi, por fim, fruto da reação britânica à Revolta dos Cipaios, em 1857: o Parlamento britânico instaurou o *Raj* e pôs fim ao controle administrativo da Companhia.

Chama atenção nesse contexto que, para muitos políticos ingleses, não parecia contraditório defender o liberalismo (que, sem dúvida, favorecia os ingleses) e, ao mesmo tempo, manter a Índia sob domínio colonial direto. De fato, muitos políticos liberais foram responsáveis pela administração colonial indiana, procurando reformá-la sem abrir mão do controle territorial e comercial. Questões semelhantes se viram entre liberais holandeses com relação à Indonésia, ou franceses com relação à Indochina (atuais Vietnã, Laos e Camboja). Reduzindo os paradoxos, estava a crença de que as atrocidades do regime colonial eram imbuídas de um sentido "civilizatório"; além disso, os impérios coloniais diziam estar criando uma coletividade, uma unidade que poderia ser reconhecida como tal: onde antes havia uma diversidade de clãs e tribos, agora estavam os súditos do Império Britânico, do Império Francês e de outros.

Para os intelectuais indianos que viram vantagens no liberalismo, as interpretações eram mais complexas. Raja Ram Mohan Roy (1772-1833), célebre reformador religioso e político, foi um dos primeiros defensores de ideias originárias do liberalismo europeu dentro da Índia. Buscando fundir princípios tradicionais do hinduísmo com o humanismo e o iluminismo ocidental, ele procurou traduzir as noções de "liberdade" ocidentais para o pensamento indiano em livros e artigos em jornais. De fato, as ideias do liberalismo político pareciam mais palatáveis para alguns setores das elites locais asiáticas, que consideravam que o direito de livre expressão perante o colonizador poderia ser usado para questionar o arbítrio das medidas coloniais. Mesmo Ram Mohan Roy, que criticava o domínio britânico, reconhecia que a liberdade de crítica e a ideia de unidade dos indianos eram heranças importantes do colonialismo, apesar de toda a violência da dominação colonial.

Estabelecer uma relação entre "unidade" e "diferenças" seria algo obrigatório no desenvolvimento da ideia de nacionalismo na Ásia entre o final do século XIX e início do século XX. Afinal, buscar uma unidade política e cultural entre os habitantes do território, tal qual faziam os nacionalistas europeus desde o século XVIII, era praticamente inviável em lugares como Índia e China, onde havia diversos obstáculos.

O primeiro deles é que, em termos etnolinguísticos, a diversidade era constitutiva de grandes unidades políticas anteriores ao colonialismo europeu. O Império Qing, por exemplo, compreendia um imenso número de regiões e populações com diferentes crenças e até mesmo idiomas distintos. Quando os primeiros intelectuais chineses emergiram na cena pública defendendo para a China a adoção de um modelo de nação tipicamente europeu, um dos seus maiores impasses foi definir "o que é ser chinês" e "o que efetivamente constitui a China, para além do domínio político dinástico". O reformador e diplomata chinês Zhang Zeyi passou a ser o principal divulgador do termo "China" entre os chineses, que se referiam ao país como o "Reino do Meio". As embaixadas da dinastia Qing, entre 1870 e 1900, foram as primeiras entidades estatais que efetivamente reconheceram "China" como o termo adequado para denominar o país. O impacto da nova definição mudou também o reconhecimento social sobre quem eram os chineses: antes eram orgulhosos súditos do "Reino do Meio" que passaram a se identificar como membros de uma nacionalidade específica.

A primeira República da China que emergiu no contexto da Revolução Xinhai, de 1911, tinha como "bandeira nacional" uma flâmula com cinco cores (vermelho, amarelo, azul, branco e preto), cada uma representando um grupo étnico diferente (*han*, manchu, mongol, *hui* e tibetano), todos eles considerados "chineses". Adotava-se, portanto, uma concepção de nação que reconhecia a diversidade etnorracial (pelo menos dos grupos mais significativos). Posteriormente, o Partido Nacionalista Chinês (o Kuomintang) reconheceu a diversidade chinesa também como um *valor* a ser defendido. O Partido Comunista Chinês seguiu a mesma linha. (Ainda hoje, o governo do Partido Comunista reconhece oficialmente que mais de 55 grupos etnolinguísticos compõem a população do país.)

Na Índia, a diversidade etnolinguística e religiosa também era historicamente reconhecida antes do domínio britânico. No século XIX, nas reformas que implantaram, os britânicos instrumentalizaram essa diversidade (nos termos em que a compreendiam) de duas maneiras: por um lado, procurando impor uma unidade cultural a partir da língua e dos costumes do colonizador (como nas reformas de Thomas Macaulay); por outro, impedindo que militantes nativistas pudessem incutir na população as suas próprias ideias de unidade acima da diversidade, explorando, por exemplo, tensões entre hindus e muçulmanos.

Os projetos nacionalistas indianos se depararam com uma grande dificuldade de promover a unidade nacional por meio de um diálogo formulado a partir da própria Índia, sem recorrer a influências externas. Por exemplo, nos primeiros encontros do Congresso Nacional Indiano, em 1884-1885, a língua inglesa teve que ser o idioma utilizado pelos jovens da elite indiana para poderem se entender em escala nacional. Por diversas vezes, os partidários do nacionalismo recorreram à religião para insuflar a unidade, apelando ao hinduísmo ou mesmo ao islamismo. No início do século XX, esse uso político da religião se converteu em projetos político-partidários consagrados em agremiações, como o RSS e a Liga Muçulmana (que se tornaria a principal responsável pela independência do Paquistão em 1947).

A diversidade, portanto, não foi ignorada nos projetos nacionais indianos e chineses (o mesmo pode ser dito para outros locais, como, por exemplo, a Indonésia). No caso do nacionalismo japonês, porém, desenvolveu-se a ideia de uma certa homogeneidade étnica e cultural nipônica. Após a Restauração Meiji (1868), as ilhas de Hokkaido no norte e Okinawa ao sul foram colonizadas por japoneses que, por meio de uma série de políticas violentas, privaram as populações nativas da cidadania japonesa enquanto eram "niponizadas" à força (com políticas como apropriação de terras de povos nativos, como os *ainu* e os okinawanos e exclusão de direitos comuns aos cidadãos japoneses). Tais medidas possibilitaram consolidar uma nacionalidade japonesa homogênea, ainda que com um grave custo social.

A estrutura autoritária do nacionalismo japonês se configurou com base em ideologias restauracionistas (seja na perspectiva Meiji, seja na Showa). Ainda que os contextos fossem diferentes, em ambos o imperador era o símbolo inequívoco da ideia de Japão e, consequentemente, elemento inseparável da identidade nacional. Isso, claro, foi estimulado pelas elites oligárquicas a partir da Restauração Meiji, as quais também disseminaram a ideia da sacralidade do imperador e o xintoísmo. Assim, nas escolas japonesas, o dia iniciava-se com a saudação ao imperador e uma prece. Qualquer ofensa ao imperador era considerada traição contra o Estado japonês, podendo ser punida com a morte.

Como visto, os pensamentos nacionalistas desenvolvidos na Ásia guardam diferenças em relação aos modelos de nacionalismo europeu. Mas em todos havia algum elemento anticolonial. O Congresso Nacional

Indiano, por exemplo, não teria concebido sua estrutura partidária sem o evidente sentimento antibritânico da Revolta dos Cipaios, menos de 30 anos antes. O Partido Nacionalista Chinês dificilmente seria formado sem que a Revolta dos Boxers tivesse colocado todas as nações ocidentais de cabelo em pé pela possibilidade de uma reação chinesa contra o imperialismo. E mesmo a estrutura autoritária do nacionalismo japonês não pode ser compreendida sem os samurais *shishi* do período Edo, que clamavam pela expulsão dos estrangeiros e pela restauração da autoridade imperial. Todavia, esse sentimento anticolonial não necessariamente passava por uma compreensão radical, igualitária ou democrática da política, muitas vezes sendo bancado por elites dirigentes pouco afeitas à democracia.

SOCIALISMOS E ANARQUISMOS

Se as ideias de liberalismo e nacionalismo foram alteradas de forma drástica em contexto asiático, o mesmo pode ser dito dos ideais socialistas, anarquistas ou marxistas. Nascidos em contextos da França, da Inglaterra, da Alemanha (e, em menor escala, da Rússia e da Itália), tais ideários passaram a representar parte do pensamento político das classes populares no final do século XIX e ao longo do século XX. Em 1864, na cidade de Londres, foi formada a autointitulada Associação Internacional dos Trabalhadores, reconhecidamente a primeira organização coletiva dos trabalhadores em âmbito internacional. Em seu nascedouro, a "Internacional", como ficou conhecida, tornou-se espaço fértil para a disseminação das ideias de socialismo e anarquismo.

A história das organizações "internacionais" de trabalhadores foi, inicialmente, muito europeia. Tanto a Primeira Internacional quanto a Segunda Internacional (1889-1916) não tinham seções na Ásia e, ainda que muitos partidos procurassem organizar seções nos espaços coloniais, eles empregavam estratégias de luta muito específicas da Europa. A rigor, somente no início do século XX surgem agremiações socialistas e anarquistas no Oriente organizadas por asiáticos. Tais grupos eram constituídos a partir de duas bases de origem social distinta: os intelectuais, que usualmente faziam parte de setores burocráticos influenciados por ideias vindas da Europa; e os trabalhadores do campo e da cidade, cujo modo de vida tradicional sofria transformações radicais em razão dos avanços do capitalismo global. Em ambos, embora a inspiração das ideias vindas da Europa fosse fundamental, havia um esforço de reinterpretá-las a partir da realidade local.

O Japão foi um dos primeiros países asiáticos a constituir núcleos anarquistas e socialistas, a partir de 1900, em especial graças ao trabalho militante de Kotoku Shusui e de seu jornal, o *Yorozu Choho* (*Gazeta da Manhã*), que criticava o crescente imperialismo japonês na Ásia e dava apoio a grupos e partidos. Ideologicamente, Kotoku Shusui transitava entre o socialismo de orientação marxista e o anarquismo mais radical, sendo, por isso, um dos principais alvos da repressão do regime Meiji.

O anarquismo japonês era forte nas grandes cidades. Ao usar a consigna "Sem Deus, sem pátria e sem patrão", os militantes radicais, compreendendo que a figura do imperador Meiji personificava esses valores, declararam guerra ao regime imperial. Ao se dar conta do crescente poder de organização e mobilização dos anarquistas japoneses, o governo condenou à morte suas principais lideranças, após desbaratar uma célula envolvida na produção de bombas caseiras. Em 1910, anarquistas (incluindo Kotoku Shusui, mesmo sem provas) foram condenados à pena capital sob acusação de atentar contra a vida do imperador.

A repressão, contudo, não esmagou por completo o desejo de mudança dos japoneses inspirados pelo anarquismo e pelo socialismo. Nos anos 1920, motins e greves mostraram que o movimento operário estava ativo, agora inspirado por notícias da Revolução Russa que chegavam ao país. Em 1922, chegou a ser criado um Partido Comunista Japonês. Porém, os problemas sociais decorrentes do Grande Terremoto que devastou Kanto, em 1º de setembro de 1923, limitaram profundamente o alcance dos movimentos, permitindo a deflagração de uma onda repressiva extremamente violenta – apoiada de forma direta pelo próprio regime imperial, notoriamente anticomunista.

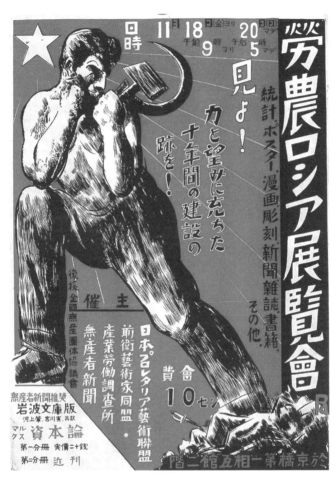

Pôster anuncia uma "Amostra Russa de Operários e Camponeses",
bancada por agremiações de esquerda, em novembro de 1927, em comemoração
no Japão do décimo aniversário da Revolução Bolchevique,
cujos ecos mudaram radicalmente a cultura política das classes populares na Ásia.

Na China, após a Revolta dos Boxers, muitos intelectuais tiveram que se exilar. Alguns migraram para a França e para o Japão, onde entraram em contato com ideologias revolucionárias e tinham espaço para criticar abertamente a dinastia Qing. Ao retornar para a China em 1911, após a Revolução Xinhai, encontraram nas grandes cidades terreno fértil para a difusão dessas ideologias. O governo autoritário de Yuan Shikai reagiu, forçou militantes e intelectuais a buscarem novamente o exílio, promoveu prisões arbitrárias e executou muitos oposicionistas.

A morte de Yuan Shikai deu novo ânimo à divulgação de ideias radicais de esquerda na China. O Partido Nacionalista Chinês, tornado clandestino pelo ditador, conseguiu se reorganizar e contava com muitos socialistas e até anarquistas entre seus colaboradores. Cidades do sul da China, como Cantão e Xangai, tornaram-se epicentros de ideias revolucionárias em território chinês em virtude da grande presença de estrangeiros e de emigrados chineses que retornavam à nação, mas também por abrigarem fábricas e complexos industriais num país eminentemente agrário e devastado pela guerra civil.

A capital Pequim também viu a expansão das ideias revolucionárias, especialmente por parte de estudantes influenciados por um forte sentimento nacionalista e críticos da fraqueza do governo central chinês. Na Revolta do Quatro de Maio, em 1919, já se percebe a influência da Revolução Russa. Com o estabelecimento da Terceira Internacional posteriormente nesse mesmo ano, a China passaria a ser um dos focos da ação dos comunistas soviéticos, que atuariam por toda a década seguinte. Inicialmente vinculado a setores mais intelectuais, o marxismo ganhou terreno em sindicatos e associações de trabalhadores urbanos.

Ao tratar da disseminação dos ideais comunistas na China, é preciso também falar do maoísmo, o conjunto de ideias do líder do Partido Comunista Chinês, Mao Tsé-tung, que ressaltava a importância dos camponeses na luta revolucionária. Em 1927, após um período de militância na zona rural de Hunan, Mao passou a defender a importância de uma releitura do marxismo ortodoxo e sua crença de que a classe operária seria a vanguarda da revolução socialista. Entendendo que a China era um país eminentemente agrário (em 1930, mais de 80% da população chinesa vivia na zona rural), Mao afirmava que a revolução teria de partir não das fábricas, mas do campo.

Inicialmente, as ideias de Mao foram malvistas pela elite dirigente do Partido Comunista, que ainda apostava suas fichas na ação operária organizada em grandes cidades. Foi somente após a "Traição de Xangai", quando o Partido Nacionalista rompeu relações com os comunistas, que o Partido Comunista Chinês reviu seus pressupostos. Mao Tsé-tung conseguiu então criar sovietes rurais na região de Jiangxi. Mesmo diante da repressão cada vez mais intensa do Kuomintang de Chiang Kai-shek, os comunistas procuraram manter células organizadas no campo. Depois de liderar a "Grande Marcha", que levou remanescentes do Partido Comunista para a região norte, em Shianxi, nos primórdios de 1935, Mao consolidou sua posição no partido, que agora contava com bases rurais também no norte da China. Fortalecido pela fama, Mao conseguiu difundir suas ideias sobre a importância da luta rural, da adoção de técnicas de luta de guerrilha e das ações organizativas envolvendo o campesinato chinês, assegurando uma hegemonia política que transcenderia, nas décadas seguintes, a influência do próprio Partido Comunista Chinês.

Na Índia, as ideologias revolucionárias ganharam terreno inicialmente entre nacionalistas indianos, mas, em geral, eram desprezadas por virem da Europa. Foi somente após a Revolução Russa que as ideias marxistas passaram a circular mais, e se estabelecer entre intelectuais indianos e a classe trabalhadora do país. Na década de 1920, os britânicos viram com particular receio a propagação das ideias advogadas pelos intelectuais Bipin Chandra Pal, Bal Gangadhar Tilak e Muzaffar Ahmad. Assim como a diversidade e a descentralização política da Índia eram grandes obstáculos para o projeto nacionalista, o mesmo ocorria com os planos socialistas e comunistas. Ao longo da década de 1920, diferentes partidos socialistas surgiram na Índia, mas todos eles nasceram eminentemente regionais, com muita dificuldade para estabelecer laços nacionais. Até mesmo os grupos que se vinculavam à Terceira Internacional, como o Partido Comunista criado por Manabendra Nath Roy, mostraram-se incapazes de reunir as diferentes forças da esquerda revolucionária na Índia em torno de uma liderança comum. Essa desunião também foi fomentada pelos britânicos, que operaram em duas frentes: reprimindo duramente sindicatos e agremiações socialistas e divulgando propaganda anticomunista por meio de sacerdotes hindus e líderes muçulmanos.

Após 1925, muitos ingleses passaram a ver a figura de Mohandas Gandhi com bons olhos, acreditando que sua popularidade e sua defesa da não violência poderiam acabar isolando grupos anticoloniais mais radicais, como o recém-criado Partido Comunista da Índia. Porém, ainda que Gandhi estivesse longe de ser um marxista, ou mesmo um socialista, tanto ele quanto o Congresso Nacional entendiam que algumas das ideias socialistas da época eram fundamentais para a luta anticolonial indiana. Gandhi e, posteriormente, Jawaharlal Nehru entenderam que o CNI era a única agremiação política que poderia capitalizar esse *momentum* da esquerda indiana que, não obstante suas divisões internas, passou a defender ideologias radicais como resposta anticolonial. Quanto mais os sindicatos indianos, desafiando o poderio dos britânicos, inclinavam-se às ideias socialistas, mais o Congresso Nacional Indiano simpatizava com elas. Em 1931, em Karachi, o CNI defendeu publicamente um "padrão de desenvolvimento socialista para a Índia". Essa posição, contudo, seria contestada após a independência indiana.

FEMINISMOS

Na Ásia, a ideia de igualdade entre homens e mulheres e a luta feminina por direitos foram decorrentes do cruzamento entre tradições de combate à dominação patriarcal e as novas ideias de reforma e revolução dos séculos XIX e XX.

Na Índia, a Revolta dos Cipaios (1857) contou com o apoio de princesas (*rani*) locais que se voltaram contra os colonizadores britânicos, chegando a organizar exércitos próprios. Por exemplo, em 1853, Lakshmibai, *rani* da região de Jhansi, foi removida do trono (que assumira depois da morte de seu marido) pelos britânicos e mantida presa por oficiais da Companhia das Índias Orientais. Em 1857, aproveitando a convulsão política, ela fugiu do cativeiro, montou um exército, retomou o trono em Jhansi e passou a ser vista como uma heroína da luta indiana contra o domínio colonial.

Se a resistência anticolonial por vezes contou com a participação e o protagonismo feminino, também houve indianas que enxergaram na presença do colonizador a possibilidade de reformas que favorecessem as mulheres, como o fim dos casamentos arranjados envolvendo crianças e a abolição da prática do sati. Tais reformas, quando implementadas, de fato, melhoravam a vida das mulheres, embora a presença do colonialismo também gerasse suas violências. Em províncias como Assam, eram constantes as acusações de estupros de indianas cometidos por britânicos nas grandes plantações de chá.

Na China, na Rebelião Taiping (1850-1864), os "exércitos celestiais" de Hong Xiuquan tinham, além de homens, mulheres em suas fileiras, inclusive na posição de comandantes. Em 1853, havia cerca de 10 mil mulheres no exército rebelde, que por sua atuação militar recebiam o direito de gerir a propriedade confiscada pelo exército *taiping*. A fusão entre cristianismo e confucionismo promovida pelo pensamento *taiping* abria caminho para ideias de igualdade, inclusive entre homens e mulheres.

Revoltas posteriores, como a Rebelião dos Boxers (1899-1901) contra os estrangeiros, contaram com milícias femininas, como o grupo das Lanternas Vermelhas, que, além de se envolverem em atividades militares, colaboravam para a saúde dos rebeldes com técnicas de medicina e enfermagem tradicionais. Corriam rumores de que essas mulheres eram feiticeiras capazes de deter as balas disparadas por armas ocidentais, caminhar sobre as águas e atear fogo nos templos cristãos.

No caso do Japão, contudo, a participação de mulheres em lutas nesse molde "tradicional" foi interrompida após a chamada Guerra Boshin, que sacramentou a Restauração Meiji (1868), e a Rebelião de Satsuma (1877). Na segunda metade do século XIX, mulheres samurais (*onna-bugeisha*) ainda se faziam presentes, mas a ideologia restauracionista japonesa do século XIX, inspirada pelo conservadorismo prussiano, limitou muito a ação feminina no espaço público. A Constituição japonesa de 1890 foi particularmente dura, privando as mulheres do direito ao voto e restringindo o seu acesso à propriedade. Ainda que as escolas femininas fossem uma realidade na Era Meiji já em 1872, a ideologia patriarcal que fundamentava a educação básica obrigava as mulheres a aprenderem ofícios que as tornassem "boas esposas e sábias mães" (*ryosai kenbo*).

Na China, a Assembleia Constituinte de 1912 privou as mulheres da participação política. Isso provocou a reação popular de mulheres armadas lideradas por Tang Qunying. Em março desse ano, elas invadiram o parlamento em Nanquim, ameaçando os delegados da assembleia que haviam descartado o sufrágio feminino na nova Constituição. O governo procurou reprimir manifestações do nascente feminismo chinês, mas não conseguiu eliminá-lo.

Desde o final do século XIX, intelectuais e políticos reformadores chineses, como Liang Qichao e, posteriormente, Hu Shi e Chen Duxiu, insistiam na importância de conferir direitos iguais às mulheres na China. Mas a República Chinesa frustrou a militância feminista. Com isso, muitas mulheres rebeldes se aproximaram do anarquismo e do comunismo, acreditando que poderiam melhorar a condição feminina, fazer frente à violência sexual e à prostituição forçada controlada pelo crime organizado.

No início dos anos 1930, 72.9% da força de trabalho das indústrias de algodão em Xangai era composta por mulheres. Muitas delas tinham vindo do campo e se estabelecido nas grandes cidades comerciais e industriais. A Primeira Guerra Mundial fez com que um enorme contingente de mulheres fosse incorporado à força de trabalho, o que alterou de forma significativa não só a demografia urbana chinesa, mas também a própria estrutura sindical do país. Nos efervescentes anos de 1925 a 1927, a "Xangai Vermelha" viu mulheres como Yang Kaihui, Zhang Qiuqiu e Deng Yingchao na liderança de sindicatos e partidos.

Esse protagonismo feminino enfureceu os grupos mais conservadores, que passaram a perseguir e atacar as feministas chinesas. Na esteira da reação do Kuomintang, em 1927, muitas líderes políticas sofreram violências, como a mutilação de seios e o estupro. Durante o Grande Terremoto de Kanto, a escritora e revolucionária Ito Noe, o principal nome do feminismo japonês, foi assassinada com seu companheiro, Sakae Osugi, e um sobrinho por membros de uma milícia anticomunista e antianarquista extremista liderada pelo tenente Masahiko Amakasu.

Nos anos 1920, feminismo e socialismo estavam próximos no cenário político japonês. A Sociedade da Onda Vermelha foi formada em 1921 por membros de diversas correntes feministas ligadas aos sindicatos, demandando a melhoria das condições de trabalho das mulheres e o sufrágio universal (incluindo o voto feminino). O governo japonês reprimiu o movimento e prendeu suas lideranças. Ao longo das décadas seguintes, o movimento feminista japonês seria constantemente atacado, tanto por defender as mulheres quanto por estar vinculado a partidos socialistas e comunistas, além de movimentos anarquistas.

Na Índia, ligações de feministas com grupos socialistas, comunistas e anarquistas também ficaram muito evidentes durante os anos 1920 e 1930. Nesses casos, as militantes se mostraram bastante radicais. A força do Congresso Nacional Indiano e do gandhismo, contudo, atraiu boa parte das feministas para as fileiras do maior partido de massas da Índia dominada pelos britânicos. Em suas pautas, havia a defesa do sufrágio feminino e a exigência de mecanismos de proteção social às mulheres. Líderes como Sarjoni Naidu, Manikutala Sen e Sudar Roy foram vozes ativas na luta contra o machismo e a misoginia na conservadora Índia.

Em linhas gerais, os movimentos feministas na Ásia propunham mudanças muito radicais. Se, por um lado, combateram nas lutas anticoloniais, por outro, criticaram fortemente o conservadorismo presente em diversas manifestações nativistas e nacionalistas, que, para se contrapor ao "estrangeiro", procuravam reforçar valores patriarcais locais.

No contexto pós-1945, a luta pelos direitos das mulheres seria uma questão central da ordem política internacional.

A Índia e a Ásia Meridional independente

Para a opinião pública britânica, o custo da dominação na Índia, em especial após a Segunda Guerra Mundial, parecia excessivo. Os ingleses se deparavam com o aumento de protestos, o que exigiu maiores investimentos em forças policiais e militares nas guarnições coloniais. Além disso, como forma de cooptação e controle social, tinham tido que abrir espaço para os nativos na máquina burocrática, e investir fundos no controle de crises climáticas e alimentícias. A terrível Fome de Bengala de 1943, que ceifou quase 3 milhões de vidas indianas, foi tratada por Churchill como uma espécie de "mal necessário", um dano colateral do "esforço de guerra" que levara os ingleses a diminuir a quantidade de alimentos enviados para suas colônias durante a Segunda Guerra Mundial. Para os indianos, contudo, ela foi só mais uma demonstração de que suas vidas eram descartáveis sob a ótica imperialista.

Indianos haviam lutado pelos Aliados. O *Raj* forneceu o maior efetivo militar colonial na guerra, chegando a 2,5 milhões de voluntários nos campos de batalha no Pacífico, na África e na Europa – entre eles, hindus, muçulmanos, siques. Até mesmo um pequeno batalhão de mulheres indianas foi empregado no conflito. Com tamanha participação, os indianos ganharam força para pleitear sua independência de forma mais enfática. E o momento era propício: em julho de 1945, antes mesmo de a guerra acabar na Ásia, o Partido Trabalhista derrotou Winston Churchill e os conservadores no Parlamento britânico, e o novo governo deu início a uma política de "descolonização" na Ásia e na África, negociando com os poderes locais a saída dos ingleses.

Contudo, a demora nas negociações para a descolonização foi acirrando os ânimos, com os indianos se rebelando de forma cada vez mais violenta. Para acelerar o processo, em fevereiro de 1946, cansados das longas tratativas dos emissários britânicos e do que viam como complacência por parte de partidos como o CNI e o Partido do Povo Indiano (BJP na sigla em hindi), marinheiros e oficiais indianos da Marinha britânica na Índia se amotinaram. Seu motim foi acompanhado por greves operárias em cidades como Bombaim, Calcutá e Karachi. Os revoltosos receberam o apoio dos partidos comunistas e socialistas; mas CNI, RSS e a Liga Muçulmana não só não se entusiasmaram com a revolta, como também exigiram a repressão e a prisão dos amotinados, acreditando que eles atrapalhavam as chances de sucesso da independência.

Nas eleições locais de 1946, a Liga Muçulmana, liderada por Ali Jinnah, saiu como grande vencedora dos eleitores muçulmanos; mas a maioria hindu fez do Congresso Nacional Indiano, de Mohandas Gandhi, o grande vencedor. Diante desse cenário de divisões tão nítidas, iniciativas de descolonização foram direcionadas para a criação, na Índia, de dois Estados separados, um islâmico e um hindu. O CNI considerou isso desastroso. Apesar de o partido ser composto majoritariamente por hindus, sua liderança o via como uma agremiação secular, capaz de congregar todos os grupos religiosos na busca pela independência de "todas as Índias", como se dizia. Mas partidos como a Liga Muçulmana e o RSS preferiam a partição, que, segundo eles, exigiria agremiações políticas religiosas organizadas – e ambos, pelo islamismo, ou pelo hinduísmo, apresentavam-se como soluções de liderança.

Nos termos impostos pelos britânicos, a Partição se tornou condição inescapável para a Independência. Gandhi e sua ala política eram contrários à Partição, mas mesmo aliados como Jawaharlal Nehru passaram a ver a questão de um ponto de vista pragmático: à medida que os demais partidos nacionalistas se mostravam favoráveis à Partição, o CNI ficaria isolado;

discussões a esse respeito acabariam atrasando ainda mais a independência. Em junho de 1947, à revelia do próprio *Mahatma*, o CNI se uniu à Liga Muçulmana e a representações de intocáveis e de siques para definir um plano de partição. Os britânicos, por sua vez, enviaram, para liderar as tratativas da comissão responsável pela Partição, um jurista chamado Cyril Radcliffe. No Ato de Independência, de 18 de julho, estava definido que a comissão teria que formular as fronteiras de um mapa que dividiria a Índia entre muçulmanos e hindus, com um exíguo prazo definido: 15 de agosto.

Enquanto debates ocorriam nos gabinetes, a ideia da Partição aumentou consideravelmente a tensão religiosa nas ruas. Hindus, siques e muçulmanos entraram em confronto em diversas cidades da Índia. Em agosto de 1946, em Bengala, conflitos entre hindus e muçulmanos levaram a mais de 4 mil mortes em linchamentos, saques e motins. Esses conflitos gradualmente se espalharam em regiões, cidades e províncias, tanto naquelas com maioria hindu, quanto naquelas de maioria muçulmana.

Uma parcela da aristocracia hindu esperava que os confrontos entre os interesses de partidos políticos e os grupos religiosos pudessem lhe favorecer de algum modo. Os chamados "Estados principais", governados por príncipes que haviam se submetido ao domínio britânico, estimulavam o fanatismo hindu entre a população local como resposta aos avanços dos islâmicos e do secularismo do CNI.

A comissão chegou a um acordo e estabeleceu a chamada Linha Radcliffe, que marcava a fronteira entre dois Estados; um ficaria com o nome de Índia e o outro passaria a ser designado como Paquistão. O Congresso Nacional Indiano reforçou que a Índia seria um Estado laico e secular. A Liga Muçulmana entendia o Paquistão como uma República Islâmica. Os siques, que habitavam a região do Punjab, foram divididos em províncias indianas e paquistaneses – sendo que a maioria sique optou por permanecer no território indiano. Ao Paquistão foram reservados dois territórios, um a oeste (fazendo fronteira com o Afeganistão) e um a leste da nova Índia – criou-se assim um Paquistão Ocidental e um Paquistão Oriental, separados pelo território indiano. Províncias como Bengala foram divididas entre muçulmanos que lá viviam e hindus, gerando um enclave islâmico no leste da Índia, o Paquistão Oriental.

No papel pareceu fácil, mas na realidade surgiram diversos problemas. Havia muitos muçulmanos vivendo no território indiano, assim como muitos não muçulmanos em território paquistanês. Isso gerou ondas migratórias de hindus para Índia e de muçulmanos para o Paquistão que, em sua maioria, ocorreram de forma apressada e desordenada nos primeiros anos de Independência. Tais deslocamentos populacionais aumentaram as tensões religiosas. Além das desavenças que desembocavam em violências "espontâneas" entre vizinhos, partidos e agremiações religiosas também estimularam ataques contra "minorias" locais.

> ### "FILAS INFINITAS DE PESSOAS CORRIAM EM DIREÇÕES OPOSTAS"
>
> "[A Linha Radcliffe] tinha deixado 5 milhões de não muçulmanos – hindus e também seguidores do siquismo – no lado paquistanês, e mais de cinco milhões de muçulmanos no lado indiano. O Paquistão nasceu como uma aberração geográfica. Foi dividido em duas partes separadas por uma imensa fatia de território indiano. [...] Como em muitos casos de divórcio não amistoso, as discussões aconteceram pela divisão dos bens materiais. [...] O subcontinente mergulhou num banho de sangue. [...] Em apenas alguns meses, um milhão de pessoas foram mortas. Essa é a estimativa mais repetida. Mas há outras que chegam ao dobro disso. Foi a maior migração da história: pelo menos 10 milhões de pessoas abandonaram seus vilarejos ancestrais, cruzando uma fronteira invisível. Filas infinitas de pessoas famintas, exaustas, apavoradas e raivosas corriam em direções opostas. [...] Da noite para o dia, Delhi e outras cidades da Índia foram tomadas por campos de refugiados fétidos, lotados de farrapos humanos.
>
> Um capítulo à parte nesse pesadelo foi a tragédia feminina. Alvos preferenciais, as mulheres eram estupradas, raptadas, forçadas a casar. Muitas se matavam antes de serem capturadas: se jogavam em poços ou fogueiras. Homens matavam as filhas, irmãs e esposas para evitar a desonra do estupro: a castidade valia mais do que a vida. [...] Mulheres usadas pelos raptores eram rejeitadas depois pelas suas próprias famílias, tidas como 'desonradas'. [...] estima-se que entre 80 a 150 mil mulheres tenham sido raptadas. [...]
>
> A Partição deixou feridas abertas dos dois lados da fronteira. Muitos cultivam até hoje um saudosismo incurável pelas cidades abandonadas às pressas. [...] [Sohan Lal tinha 20 anos quando sua família fugiu desesperada de Multan, no Paquistão]. 'Eu vi várias casas de hindus sendo queimadas e saqueadas. Alguns de nossos familiares foram mortos pelos muçulmanos. [...] Meu pai pagou uma grande soma de dinheiro para que a polícia nos escoltasse com segurança até a Índia. Do dia para a noite nos transformamos em mendigos em uma nova terra.' [...] [Sua noiva ficou no Paquistão.] 'Eu nunca cheguei a saber o que aconteceu com ela e sua família.'"
>
> (Fonte: COSTA, Florência. *Os indianos*. São Paulo: Contexto, 2012, pp. 194-5.)

O FIM DO GANDHISMO
E O TERCEIRO-MUNDISMO DE NEHRU

Em agosto de 1947, os britânicos abandonaram a sua estrutura burocrática imperial e a Índia finalmente se tornou independente do domínio britânico, com Estados chamados de Índia e Paquistão reconhecidos como soberanos. Alguns "Estados principais", como Hyderabad, ainda teriam de negociar com o novo governo indiano a sua incorporação à República da Índia. Contudo, quando a Independência foi proclamada, o clima oscilava entre a euforia pelo fim do colonialismo e a apreensão pela escalada violenta de conflitos religiosos e demais problemas gerados pelo processo de Partição, que resultaram em centenas de milhares de mortos em diferentes regiões de Índia e Paquistão.

Gandhi procurou sensibilizar as pessoas, no sentido de cessarem as hostilidades religiosas por meio de uma greve de fome intermitente que fez junto a apoiadores muçulmanos e hindus. Ambos os governos dos novos países criaram campos de concentração de refugiados e enviaram tropas para organizar a ajuda humanitária aos deslocados. Em 1951, tanto Índia quanto Paquistão contabilizavam 7 milhões de refugiados cada um.

O período de apaziguamento entre os dois governos durou pouco, até uma tensão fronteiriça emergir na região da Caxemira, próxima ao Punjab. Ainda que a maior parte da população da Caxemira fosse muçulmana, em 1947 ela era governada por príncipes hindus que pressionavam para manter seu território dentro da Índia. Contudo, o Paquistão exigia que a Caxemira fosse incorporada ao seu território. Revoltas locais muçulmanas, cada vez mais acirradas, desembocaram em uma onda de violência contra a minoria hindu que habitava a região. Para tentar controlar a situação e acalmar as revoltas, o marajá da Caxemira, Hari Singh, pediu ao governo indiano que enviasse tropas. Mas a chegada dos soldados só aumentou a violência e serviu para prolongar a disputa que segue até os dias de hoje. De fato, se oficialmente a Guerra pela Caxemira começou em 1947 e acabou em 1948, com um cessar-fogo estabelecido pela ONU, a Caxemira continua a ser reivindicada por Índia (que passou a controlar oficialmente metade do território) e Paquistão (que passou a controlar pouco mais de um terço do território).

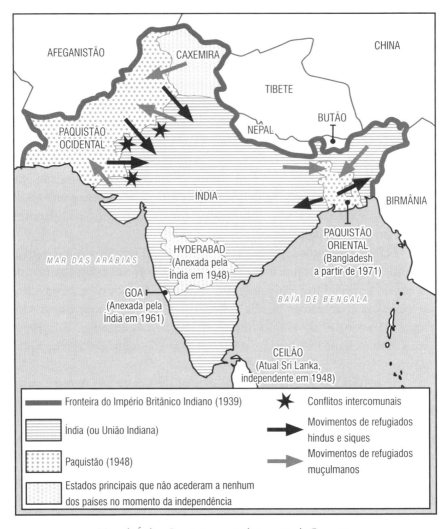

Mapa de Índia e Paquistão, que inclui a região da Caxemira,
palco de uma série de confrontos nos anos seguintes à Partição de 1948.

Em janeiro de 1948, Mohandas Gandhi, o *Mahatma*, foi assassinado. A morte do "pai da Independência indiana" era tramada desde o final de 1947 por militantes de grupos hindus fundamentalistas que o consideravam responsável não apenas pela tendência de secularização da República indiana, mas também pela Partição. O assassino, Nathuram Vinayak Godse, era um militante do RSS, que apregoava a superioridade cultural e religiosa da comunidade hindu.

O assassinato de Gandhi levou a liderança do recém-criado Estado indiano a banir o RSS da vida política. A morte de Gandhi não enfraqueceu o gandhismo político, mas desembocou na apropriação do seu legado pelo CNI, que passou a se dizer herdeiro do *Mahatma* na Índia. De fato, o primeiro-ministro indiano, Jawaharlal Nehru, compreendeu que a figura de Gandhi era poderosa por seu simbolismo junto à população. A referência a Gandhi ajudou, depois de um período de tensão, a anexação dos "Estados principais" à República da Índia.

Ao mesmo tempo, a identificação do CNI como "o partido de Gandhi" garantiu um apoio a Nehru para que se mantivesse no cargo de primeiro-ministro até 1964, e também garantiu a hegemonia do CNI na elaboração da Constituição Indiana de 1950. Uma das maiores vitórias obtidas pelos membros do Congresso foi a proibição da discriminação com base no sistema de castas na sociedade indiana, estabelecida legalmente em 1948 e sancionada pela Constituição dois anos depois.

Na prática, contudo, um aspecto específico da definição do novo Estado nacional permitiu que a discriminação de castas continuasse operando em várias regiões da Índia: a defesa da autodeterminação, nos termos propostos por Gandhi e pelo CNI na sua luta por independência, acabou reforçando as tendências mais locais da política indiana, já que as comunidades locais se apropriaram do ideal da autodeterminação em favor de seus próprios interesses e tradições. Assim, com base no argumento do direito à autodeterminação, comunidades continuaram a manter práticas discriminatórias relacionadas ao sistema de castas. Em diversas regiões, especialmente nas zonas rurais, o preconceito contra os *dalits* (os "intocáveis") continuou existindo dentro da sociedade indiana e, ainda nos dias atuais, é um grave problema social do país.

Já nos primeiros tempos da República, o governo do CNI, influenciado pelo trabalho do jurista *dalit* B. R. Ambedkar, estabeleceu conjuntos de leis baseados na chamada "discriminação positiva", demarcando políticas compensatórias para castas e tribos considerados vítimas de preconceito e perseguição discriminatória. A Constituição indiana de 1950 foi a primeira Carta Magna do mundo a determinar a necessidade de "ações afirmativas" voltadas a grupos discriminados.

As ações do Congresso Nacional Indiano também visaram estabelecer as bases de um Estado indiano mais autônomo e menos centralizado (ao menos em comparação com o regime colonial do *Raj*). O Estado indiano, por meio da sua Constituição, reconheceu a existência de mais de 15 línguas oficiais, além do hindi (considerada a principal língua administrativa) e do inglês (a língua do colonizador, mas também da antiga burocracia colonial), as duas principais.

O maior desafio do novo governo era erradicar a fome e a miséria na Índia. Nos tempos do domínio britânico, a Índia havia sido palco de terríveis crises humanitárias, com fomes que mataram milhões de pessoas. Para evitar que ocorressem de novo, Nehru concentrou esforços do governo para melhorar a agricultura do país, procurando abolir a estrutura latifundiária do campo. A ideia era desenvolver uma agricultura extensiva, mas destinada ao mercado interno. A indústria seria remodelada a partir da substituição de importações com o desenvolvimento da manufatura de bens de consumo.

Do ponto de vista industrial, o resultado foi assombroso e, após uma intensa campanha de nacionalização de indústrias pesadas, a Índia atingiu recordes de produtividade já na década de 1960. Na agricultura, contudo, o êxodo rural e a pressão dos latifundiários limitaram os planos de uma reforma agrária mais radical, o que por sua vez limitou o desenvolvimento social na Índia nas suas primeiras décadas. O resultado econômico, portanto, apontou para um aumento na produtividade, mas com lenta alteração nos indicadores sociais. Até a década de 1970, o fantasma das grandes fomes ainda assombraria a Índia.

Em 1961, o governo de Nehru negociou com os Estados Unidos um programa de implementação na Índia de novos tipos de sementes de trigo, arroz e milho desenvolvidos em grandes centros tecnológicos americanos. O resultado, conhecido como Revolução Verde, foi uma oferta ampla de alguns dos principais produtos de subsistência agrícola para a Índia. Todavia, a implementação de sementes industriais acabou afetando a biodiversidade, gerando a substituição de cultivos tradicionais por cultivos padronizados. Além disso, o uso extensivo das novas sementes causou erosão do solo em muitas regiões, sendo criticado por ambientalistas em razão do custo ecológico, do aumento nas emissões de gás carbônico, das queimadas e do desflorestamento. Por outro lado, seus defensores alegavam que a entrada dos novos grãos foi crucial para extinguir as fomes que assolavam a Índia, estabelecendo as bases da soberania alimentar do país.

Nos anos 1960, Nehru mantinha relações com os dois blocos da Guerra Fria, procurando não cortar laços com nenhuma das grandes potências. Em decorrência dos conflitos no Paquistão, para fortalecer a Índia, o CNI acenou aos britânicos que se manteria dentro da *Commonwealth*, mas como uma República autônoma. Com a União Soviética, Nehru consolidou uma série de intercâmbios industriais e tecnológicos que contribuíram para o desenvolvimento industrial do país (em 1960, a Índia recebia mais assistência soviética do que a China comunista). Junto ao governo americano de John F. Kennedy, a Índia fez convênios tecnológicos que deram fôlego à Revolução Verde.

Internacionalmente, o CNI apostava no chamado "terceiro-mundismo" ou "movimento dos não alinhados". Essa via se formou após o cessar-fogo na Guerra da Coreia e os Acordos de Genebra, em 1954, quando americanos e soviéticos decidiram pelo fim do conflito coreano. Temendo que as intervenções dos blocos da Guerra Fria pudessem afetar a soberania política de nações que tinham recentemente conquistado sua independência política, dezenas de países se reuniram em Bandung, na Indonésia, para criar um bloco geopolítico, o dos "não alinhados". Nehru e Sukarno (presidente da recém-independente Indonésia) foram os principais organizadores dessa reunião, procurando trazer para o bloco não apenas novos países que estavam se formando na esteira das lutas de descolonização, mas também nações declaradamente socialistas, como a China e a Iugoslávia.

A Conferência de Bandung, ocorrida em abril de 1955, foi um marco na geopolítica da época. Estavam presentes representantes de mais de 30 países, asiáticos e africanos em sua maioria. Ainda que, na prática, não tenha gerado um bloco homogêneo, ela estabeleceu as bases do terceiro-mundismo por meio de uma declaração de dez pontos que defendia, entre outras questões, a autonomia dos povos e a recusa em se submeter às grandes potências da Guerra Fria. Conferências posteriores, no Cairo e em Belgrado, reafirmaram os princípios do movimento e, nesse momento, Nehru era considerado uma de suas vozes mais importantes.

A ideia de manter a Índia o mais autônoma possível, aproximando o país de cada um dos dois blocos conforme as circunstâncias, enfrentou obstáculos importantes. Após a morte de Kennedy, os governos dos EUA reorientaram sua política na Ásia, aproximando-se do Paquistão, o que causou temor no governo indiano. No bloco comunista, as relações com a URSS se mantinham estáveis, mas relações com a China ficaram abaladas quando Mao Tsé-tung se incomodou com o apoio dado pela Índia à luta separatista do Tibete, inclusive concedendo asilo político ao líder religioso Tenzin Gyatso, o *Dalai-Lama*, em 1959. Em outubro de 1962, tropas chinesas invadiram o norte da Índia que fazia fronteira com o Tibete e estabeleceram uma nova zona de controle fronteiriço, num breve confronto chamado de Guerra Sino-Indiana. Ainda que de curta duração, o conflito assinalou uma ruptura profunda nas relações indianas e chinesas, que se manteve ao longo do século XX e abalou a política terceiro-mundista.

Internamente, a década de 1960 seria marcada por uma sucessão de conflitos militares. Em 1961, tropas indianas ocuparam a cidade de Goa, a última colônia portuguesa no país, exigindo que Portugal abandonasse o seu território na Índia – o que se concretizou efetivamente no ano seguinte. Em 1965, ocorreu uma Segunda Guerra da Caxemira, novamente envolvendo Índia e Paquistão por uma disputa fronteiriça, quando os paquistaneses buscaram apoio da China para suas pretensões. Ficou evidente que o estabelecimento de uma paz duradoura entre Índia e Paquistão demandaria a intervenção da comunidade internacional.

No Paquistão, a situação política também não era simples. Após a independência do país em 1947 e o primeiro confronto na Caxemira, os políticos da Liga Muçulmana lançaram apelos à unidade islâmica, reunindo diferentes grupos muçulmanos dentro do país. No entanto, havia diferenças étnicas e culturais entre os muçulmanos habitantes do Paquistão Ocidental e os do Paquistão Oriental consideradas importantes pelas lideranças locais. Para além da religião muçulmana e de compartilharem o passado de dominação colonial, os bengalis muçulmanos do Paquistão Oriental e os *sindhs* muçulmanos do Paquistão Ocidental achavam que havia pouco em comum entre eles. Nesse contexto, o principal líder da Liga Muçulmana, Ali Jinnah, defendeu que o urdu (língua mais falada na parte ocidental) seria o idioma oficial do país, mas que o bengali (língua mais falada na parte oriental) seria reconhecido também como língua oficial. Em 1948, Jinnah acabou falecendo e os grupos pró-ocidentais assumiram o controle do partido. Os defensores da língua bengali como oficial acabaram perdendo poder. Todo o centro do governo se deslocou para Lahore, no Paquistão Ocidental, criando descontentamento entre a elite bengalesa do Paquistão Oriental.

As disputas entre paquistaneses ocidentais e orientais se agravaram ao longo dos anos seguintes. Ainda que a Liga Muçulmana tivesse garantido constitucionalmente a igualdade entre bengali e urdu, havia outras exigências, como, por exemplo, a de que o Paquistão Oriental tivesse suas próprias cortes e tribunais, além de autonomia do legislativo perante Lahore no lado ocidental. As eleições de 1954 criaram um impasse, pois, no lado ocidental, o grande vitorioso foi o Partido Republicano do Paquistão (uma agremiação política pró-Estados Unidos) e, no lado oriental, o vitorioso foi o Partido dos Trabalhadores, em conjunto com o Partido Comunista do Paquistão (apoiados pela União Soviética). Da tensão advinda desse impasse, foi estabelecida uma solução provisória: o cargo de primeiro-ministro ficaria com alguém do Paquistão Oriental, Huseyn Suhrawardy, e o cargo de presidente ficaria com alguém do Paquistão Ocidental, Iskander Mirza. Essa eleição marcou o fim do governo da Liga Muçulmana que, sem conseguir que os dois territórios identificassem interesses comuns e se unissem, acabou enfraquecida politicamente.

Movido pelo anticomunismo da Guerra Fria e temeroso de que o Paquistão Oriental pudesse entrar numa campanha separatista, Iskander Mirza autorizou uma série de expedientes de exceção, até que, em 1958, o ex-ministro da Defesa e principal general das Forças Armadas, Ayub Khan, declarou "estado de emergência", dissolvendo o governo pró-socialista na parte oriental do país e o parlamento do governo de Karachi na parte ocidental. O general Ayub Khan exigiu ainda a renúncia do presidente Iskander Mirza e instaurou, finalmente, uma ditadura no país.

Durante uma década, Ayub Khan comandou um regime autoritário, perseguindo líderes de oposição – entre eles, a própria irmã mais nova de Ali Jinnah, Fatima Jinnah, que se lançara à presidência da República no final de 1964. Ao mesmo tempo, aproximou-se da China, procurando explorar as tensões entre indianos e chineses na fronteira tibetana. Em 1965, quando estourou a Segunda Guerra da Caxemira, Ayub Khan usou o conflito para mobilizar a opinião pública a seu favor, mas seu regime foi aos poucos perdendo força no Paquistão, em virtude de uma oposição civil cada vez mais radicalizada e que não mais se restringia à parte oriental do país.

O conflito na Caxemira serviria de justificativa para que os dois países, Índia e Paquistão, se lançassem em uma corrida para ver qual obteria primeiro a bomba atômica.

CORRIDA NUCLEAR E CONFLITOS

Na Índia, a morte de Jawaharlal Nehru em 1964, após 17 anos de governo, apresentou ao Congresso Nacional Indiano a questão sucessória. Alguns líderes do Congresso esperavam que o capital político do ex-primeiro-ministro fosse transferido para a filha de Nehru, que se chamava Indira Gandhi. Indira era uma figura dos bastidores da política indiana e do próprio partido que ganhara destaque em 1959 por ter ajudado grupos conservadores do CNI e demais partidos a atacar o governo local da província de Kerala, na época controlado por membros do Partido Comunista Indiano. A habilidade política de Indira garantiu que, mesmo após esse episódio, os comunistas indianos não rompessem seus vínculos com o CNI.

Indira assumiu o poder em 1966. Na época, os comunistas indianos já tinham sofrido uma violenta cisão: estavam divididos entre Partido Comunista Indiano (que se declarava aliado do CNI) e Partido Comunista Indiano-Marxista (que se colocava como oposição ao CNI). Essa tensa divisão entre os comunistas indianos acabou exacerbada por desentendimentos entre China e Índia, em 1966, quando o Exército chinês avançou sobre posições indianas na fronteira com o Tibete. A defesa da região por tropas indianas ampliou o prestígio de Indira Gandhi.

Indira Gandhi (1917-1984), a terceira primeira-ministra da Índia e uma das mulheres mais poderosas do século XX. Em meio a inúmeras tensões, ela governou a Índia entre 1966 e 1977, e entre 1980 e 1984.

A popularidade que a filha de Nehru tinha no país não se refletiu na mesma proporção dentro do Congresso Nacional Indiano. Apoiando-se na adesão de parte dos comunistas e dos demais grupos socialistas ao seu governo, Indira Gandhi procurou se aproximar mais da URSS. Isso deixou muitos membros do seu partido receosos com relação aos rumos da política interna indiana e à fragilidade do equilíbrio conciliatório que o partido havia construído desde os tempos do gandhismo.

Em 1969, a primeira-ministra indiana fez dois anúncios bombásticos: a nacionalização do sistema bancário indiano e a nomeação do ex-sindicalista e político independente Varahagiri Giri como presidente da Índia. Ambas as medidas desagradaram profundamente a velha guarda do CNI, que decidiu expulsar Indira Gandhi do partido. A primeira-ministra Indira criou então um novo partido, chamado Congresso Nacional Indiano-Requisicionista, formado basicamente por políticos dissidentes do CNI original. O novo partido obteve maioria no Parlamento, e Indira Gandhi começou um novo mandato em março de 1971 com aprovação altíssima entre os eleitores, prometendo, entre outras medidas, o fim da política de indenizações a príncipes e marajás indianos, estabelecida nos acordos de independência de 1947. O *slogan* "*Garibi Hatao*" (em tradução literal, "Remover a pobreza") permitiu que a campanha de Indira Gandhi mobilizasse a população camponesa indiana favorável a que o poder central de Nova Delhi melhorasse a vida das comunidades locais com obras de desenvolvimento social.

No Paquistão, após o conflito de 1965 na Caxemira, a situação do general Ayub Khan tornou-se complicada. A ausência de uma vitória decisiva e o medo ligado à corrida nuclear estimularam a oposição civil, em especial dos setores mais à esquerda da política paquistanesa. Em 1967, uma agremiação de diversos partidos, intelectuais e políticos deu origem ao Partido Popular do Paquistão, elegendo como seu presidente o principal diplomata do país, Zulfikar Ali Bhutto. A partir de então, Zulfikar Ali Bhutto seria um dos principais opositores de Ayub Khan, que, cada vez mais isolado politicamente e enfrentando uma série de revoltas e greves nacionais, viu-se forçado a renunciar ao poder em 1969. O regime dos militares foi então obrigado a permitir o retorno da democracia no país, e o novo partido, o Partido Popular do Paquistão, parecia ser o grande favorito nas eleições parlamentares de 1970.

O problema, contudo, é que no Paquistão Oriental o favorito era outro partido, a Liga Awami Bengali, que se colocava como o principal defensor da cultura bengalesa no país. A Liga Awami já havia demonstrado sua capacidade de política em 1954, ao constituir uma frente unida com partidos de esquerda que praticamente acabou com as chances políticas da Liga Muçulmana na parte oriental do país. Diante do regime de Ayub Khan, o partido renovou seus quadros e as novas lideranças políticas passaram a defender abertamente a independência do Paquistão Oriental.

Na eleição de 1970, a Liga Awami conquistou ampla maioria do Parlamento na parte leste do país, mas não conseguiu nenhum assento na parte ocidental. Ainda assim, a maioria permitiu à Liga Awami a primazia sobre o Partido Popular, de Zulfikar Ali Bhutto. Bhutto e seus partidários não aceitaram o resultado eleitoral, alegando que, como a Liga Awami não havia conquistado assentos no Parlamento no Paquistão Ocidental, ela não tinha direito de governar o território. O debate durou alguns meses após a eleição. Enquanto isso, protestos bengaleses ganhavam fôlego, exigindo a "Independência de Bengala", com políticos da Liga Awami liderando as manifestações e lançando um novo nome para o que seria um novo país: Bangladesh ou "terra dos bengaleses".

O Exército Paquistanês, controlado por militares próximos de Ayub Khan, resolveu agir por conta própria e, sem esperar as negociações entre os políticos civis, massacrou brutalmente a população bengali. Os massacres cometidos pelos militares paquistaneses foram amplamente divulgados pela imprensa internacional. Em 1971, começou a Guerra de Independência de Bangladesh.

Milhões de bengalis, temendo a repressão brutal do Exército Paquistanês, fugiram de Bangladesh e foram para a Índia. Indira Gandhi ofereceu asilo aos refugiados e prometeu que o governo indiano acabaria com o massacre em Decca e demais cidades bengalis. Em poucos meses, as posições do Exército Paquistanês em Bangladesh se enfraqueceram graças a uma rápida e enérgica ação militar de forças combinadas do Exército Indiano e do Exército de Libertação de Bangladesh. No final do ano, estas obtiveram uma acachapante vitória e o Exército do Paquistão se rendeu completamente.

Indira Gandhi, por sua intervenção em Bangladesh, obteve grande projeção internacional e viu sua popularidade aumentar muito na Índia. Ela não apenas havia vencido as eleições de 1970, mas também tinha enfraquecido o vizinho Paquistão. As elites indianas, contudo, temiam que a celebridade levasse a herdeira de Nehru a querer implantar um governo autoritário. Assim, em 1975, Indira Gandhi foi acusada de fraude eleitoral por seus opositores e condenada a renunciar ao cargo de primeira-ministra. Contudo, seu apelo popular era tão grande que Indira Gandhi conseguiu manter-se no poder, declarando "estado de emergência". Com essa manobra política, ela fechou o regime, limitando os direitos de livre expressão, de livre associação e praticando uma série de outras violações aos direitos humanos – incluindo campanhas de esterilização em massa de populações pobres e a prisão arbitrária de opositores. Calcula-se que mais de 100 mil indianos foram presos durante esse período, que durou 21 meses. Economicamente, o governo tomou uma série de medidas impopulares, como o congelamento dos salários e o tabelamento de preços, levando ao crescimento da inflação e à formação de mercados paralelos urbanos e rurais. Nesse meio-tempo, o apoio popular à Indira Gandhi diminuiu muito. Em 1977, para acalmar os ânimos dos descontentes, ela anunciou novas eleições parlamentares.

Diante dessa oportunidade, antigos políticos do CNI e demais opositores se reuniram num partido chamado Janata, ou Partido do Povo, que passou a defender como bandeira "a retomada da democracia indiana". O partido era, por assim dizer, uma coalizão de interesses, reunia diferentes correntes ideológicas, que iam desde socialistas mais radicais até conservadores hindus, passando por antigos membros do Congresso e liberais, entre outros. Mesmo assim, era uma oposição unificada e obteve uma vitória eleitoral acachapante. Após a derrota de 1977, Indira Gandhi teve que deixar o cargo mais alto da República indiana.

Após a independência de Bangladesh, no Paquistão, com maioria política, o Partido Popular do Paquistão (PPP) de Zulfikar Ali Bhutto se estabeleceu no poder e procurou restaurar a democracia. Promulgou uma Constituição já em 1972 e procurou se aproximar do bloco socialista na Guerra Fria, mas também de países árabes e islâmicos, buscando formas alternativas de integração regional. Foi durante esse governo que o Paquistão acelerou seu programa de desenvolvimento nuclear, acompanhado de perto pela Índia – que, em 1974, já havia feito o primeiro teste público de uma bomba atômica indiana.

Nesse contexto, cada vez mais próximo dos socialistas e prestes a se tornar uma potência nuclear regional, o governo de Zulfikar Ali Bhutto passou a ser alvo direto dos ataques do Departamento de Estado dos

Estados Unidos, que ameaçou o regime paquistanês com retaliações diplomáticas e militares caso continuasse se aproximando do bloco soviético.

Em 1976, Bhutto também começou a se deparar com uma oposição interna mais acirrada. Por um lado, os partidos mais à esquerda se juntaram no Partido Nacional Awami e passaram a exigir reformas sociais no país. Por outro, os setores mais conservadores se juntaram a clérigos muçulmanos, formando uma coalizão política que gerou um novo partido, a Aliança Nacional do Paquistão. Atacado por diversos lados, Bhutto viu o PPP perder poder gradualmente, mas manteve a sua popularidade, de modo a conseguir barrar os avanços do Partido Nacional Awami na eleição de 1977. Os conservadores, contudo, alegaram que o pleito havia sido marcado por fraudes e não reconheceram o resultado, convocando protestos políticos e religiosos em várias cidades. Novamente, as Forças Armadas entraram em cena e o general Zia-ul-Haq, principal ministro militar do governo de Zulfikar Ali Bhutto, deu um golpe de Estado, prendeu e, posteriormente, executou o presidente paquistanês. Em 1977, o Paquistão adentrou num longo período ditatorial que perduraria até 1988.

ÍNDIA E PAQUISTÃO NA VIRADA DO SÉCULO XX

Na Índia, o governo do Partido Janata acabou sendo extremamente curto. A coalizão tinha em comum apenas a oposição direta à Indira Gandhi. A retórica belicista, com pouca adesão popular na Índia naquele período, fez o partido perder apoio da opinião pública. Em 1979, a coalizão entrou em colapso e novas eleições foram marcadas para 1980.

Indira Gandhi aproveitou o momento para retornar à política como líder do CNI (mais uma vez unificado) e acabou novamente como primeira-ministra da Índia. Com menos aparições públicas e abandonando o *Garibi Hatao*, ela deu início a um processo de reforma econômica, visando ampliar o espaço para a iniciativa privada em setores estratégicos do país como forma de reagir à alta inflacionária e ao desemprego massivo que atingia a Índia desde a Crise do Petróleo, em 1973.

Em junho de 1980, Indira Gandhi perdeu seu filho e herdeiro político, Sanjay Gandhi, que morreu em um acidente aéreo. Nessa época, a Índia enfrentava uma grave crise separatista na região do Punjab, onde siques "autonomistas" – do Partido Supremo Akali (SAD, na sigla em punjabi) – reivindicavam a criação de um eleitorado separado dos siques, com direito a assentos reservados nos parlamentos locais e nacionais. Eles alegavam que as tensões religiosas e políticas, que se acumulavam tanto no Punjab paquistanês como na parte indiana, limitavam os direitos de cidadania da maioria sique na região. Já os siques "unionistas" afirmavam que a política do SAD era autoritária, não aderiam ao separatismo e defendiam que os siques se mantivessem como habitantes da Índia ou do Paquistão.

O religioso Jarnail Singh Bhindranwale era líder dos "unionistas", mas mudou de lado e passou a ser o maior pregador do separatismo sique, repudiando o CNI e a Constituição indiana. Em 1982, ele criou um complexo militar de templos siques próximos do Templo Dourado de Amritsar. Em 1984, pressionada pelo CNI para resolver a situação que se agravava com a militarização da região e a criação do braço armado separatista no Punjab, Indira Gandhi ordenou um ataque militar contra o complexo de templos em Amritsar. O Exército Indiano fez uso de tanques e artilharia pesada, destruindo parte do complexo e matando, inclusive, peregrinos siques e outros civis. Estimativas apontam para mais de 5 mil mortos em menos de duas semanas de operação. Jarnail Singh Bhindranwale acabou sendo executado e a ameaça do separatismo sique foi contida. Isso elevou a popularidade de Indira Gandhi entre os hindus, mas gerou profundo ressentimento entre os siques na Índia.

O siquismo é uma das maiores religiões da Índia. Após os ataques do Exército Indiano na chamada Operação Estrela Azul, que destruiu a milícia separatista liderada por Jarnail Singh Bhindranwale, uma onda de violência varreria o país. O Exército, autorizado pelo governo, agia de forma brutal contra os adversários. Em retaliação, em 31 de outubro de 1984, enquanto gravava uma entrevista para um documentário em sua casa, Indira Gandhi foi assassinada por dois de seus seguranças privados, praticantes do siquismo, que declararam posteriormente terem, com seu ato, vingado a violência cometida em Amritsar. A morte de Indira Gandhi, por sua vez, foi usada como justificativa para ataques contra a população sique, muitos deles promovidos por líderes do CNI.

O assassinato de Indira Gandhi fortaleceu seu partido e a projeção política de seu filho Rajiv Gandhi. No final de 1984, Rajiv Gandhi foi eleito primeiro-ministro, com o CNI tendo sua maior votação em toda a história indiana. Mas Rajiv Gandhi era um político menos experiente que sua mãe; acabou sendo acusado não apenas de estar envolvido em esquemas de corrupção, mas também de ter ajudado os executivos da corporação americana Dow Chemicals a escaparem ilesos da Tragédia de Bhopal, um vazamento de gás tóxico que atingiu 500 mil pessoas na cidade de Bhopal, em Madhya Pradesh, matando cerca de 20 mil pessoas.

Não só Rajiv Gandhi, mas o próprio CNI começaram a ser contestados. Um partido de oposição formado a partir de conservadores, o BJP, foi ganhando peso. Nos anos seguintes, o BJP seria o maior opositor ao CNI dentro da política indiana, conquistando cada vez mais assentos parlamentares e, finalmente, assumindo a maioria do Parlamento em 2014.

Em 1991, Rajiv Gandhi foi morto em um atentado perpetrado por separatistas do norte do Sri Lanka, país ao sul da Índia. Segundo eles, a Índia exerce um domínio colonial sobre o Sri Lanka; o assassinato de Rajiv Gandhi faria parte de sua "luta por independência". Desde 1983, o Sri Lanka estava mergulhado em uma guerra civil (que se arrastaria até os acordos de 2009), o que gerou uma série de perturbações nas relações diplomáticas entre a Índia e esse país.

Internamente, na Índia, as mortes de Sanjay, Rajiv e da própria Indira Gandhi fragilizaram o CNI, que se viu carente de lideranças capazes de unificar o país e mesmo o próprio partido. Nos anos 1990, cresceu a violência comunal. Algumas das revoltas comunais, como, por exemplo, as chamadas "insurgências naxalitas", baseavam-se em projetos revolucionários. Em 1967, no vilarejo de Naxalbari, na Bengala Ocidental, membros do Partido Comunista Indiano-Marxista pegaram em armas e começaram a formar "exércitos revolucionários" junto a populações rurais e tribais que atuariam nas "insurgências naxalitas". Conforme cresciam as retaliações contra suas lideranças, também aumentava a fragmentação desses grupos comunistas. Eles seguiriam atuando em zonas rurais do chamado "corredor vermelho" em províncias como Orissa, Bihar e a própria Bengala Ocidental até o início dos anos 2000 (em 2007, guerrilhas naxalitas controlavam cerca de 20% do território indiano).

No final do século XX, também ganharam novo fôlego as tensões entre hindus e muçulmanos na Índia, no Paquistão e em Bangladesh. Além disso, disputas com o Sri Lanka e o Nepal desembocaram em ondas de violência local e de cunho religioso.

Como se não bastassem os problemas internos, o CNI foi perdendo valiosos apoios externos. No final da Guerra Fria, o projeto terceiro-mundista foi ficando cada vez mais enfraquecido. Com o fim do bloco soviético após a dissolução da URSS, o CNI se viu compelido a fazer uma série de reformas de caráter mais liberal na economia da Índia para que o país não ficasse isolado perante o chamado Consenso de Washington (que ditou uma série de normas fiscalistas a partir de instituições internacionais, como o Fundo Monetário Internacional e o Banco Mundial). Também por receio do isolamento internacional, em 1999, as lideranças do CNI buscaram estabelecer novos laços com o Paquistão; nos Acordos de Lahore ficou decidido o empenho de ambas as nações para evitar conflitos e desacelerar a corrida nuclear iniciada na década de 1960. Oposicionistas indianos consideraram a postura do CNI uma capitulação diante do rival histórico.

O Paquistão chegou aos anos 1980 sob a ditadura do general Zia-ul-Haq. Para manter-se popular, Zia-ul-Haq estimulou e radicalizou a presença do islamismo mais conservador dentro do seu regime, inclusive introduzindo a *sharia* (o principal sistema jurídico islâmico, originado a partir dos textos religiosos) como parte do conjunto legal da nova Constituição paquistanesa. No plano internacional, seu governo se alinhou ao de Ronald Reagan, nos Estados Unidos, criando assim as bases para uma violenta perseguição a partidos e movimentos de esquerda paquistaneses. Seu regime se tornou uma das principais pontas de lança dos americanos na Guerra Fria, permitindo que as forças dos EUA interviessem no Afeganistão durante a invasão soviética de 1979.

Em 1988, Zia-ul-Haq morreu em um acidente aéreo. Aproveitando-se do vazio político, movimentos em prol da democracia rapidamente exigiram eleições. No início dos anos 1990, a condução da política paquistanesa ficou dividida entre dois partidos: o PPP, então presidido pela filha de Zulfikar Ali Bhutto, Benazir Bhutto, e a nova Liga Muçulmana do Paquistão, liderada por Nawaz Sharif. Na década de 1990, os dois líderes políticos passaram a alternar-se no poder, mas a ordem democrática estava longe de ser estabelecida. Enquanto Benazir Bhutto era acusada de ser mandante de atentados políticos (inclusive contra o próprio irmão, militante radical de esquerda), Nawaz Sharif era acusado de financiar internacionalmente grupos terroristas muçulmanos.

Quando os Acordos de Lahore foram noticiados, Nawaz Sharif foi celebrado como pacificador pelos paquistaneses, angariando apoio até mesmo da oposição civil, o PPP. Todavia, os militares paquistaneses ficaram insatisfeitos com os protocolos estabelecidos em Lahore, que exigiam um freio na escalada belicista entre Índia e Paquistão. De forma autônoma, uma milícia paramilitar paquistanesa atacou a cidade de Kargil, na província indiana da Caxemira. Incapaz de conter esses extremistas, Nawaz Sharif procurou apoio dos Estados Unidos para negociar a paz, mas as Forças Armadas indianas agiram prontamente e expulsaram os paramilitares paquistaneses, contando, inclusive, com apoio internacional.

Isolado, Nawaz Sharif não conseguiu reagir quando uma junta militar liderada pelo general Pervez Musharraf o depôs do governo, em outubro de 1999. O novo governo militar e ditatorial se manteria no poder até 2007, quando uma série de protestos levou o Paquistão novamente para um regime democrático e parlamentar.

Na nova ordem mundial, após os atentados de 11 de setembro de 2001 e a chamada "Guerra ao Terror" promovida pelo governo americano, os caminhos de Índia e Paquistão ficaram ainda mais complexos. Partidos paquistaneses restabeleceram relações diplomáticas com o governo estadunidense (que, durante a incursão militar americana no Afeganistão, apoiou a ditadura de Pervez Musharraf). As tensões entre Índia e Paquistão pela Caxemira novamente se agravaram em 2002, mas agora com um novo componente: grupos fundamentalistas, como a Al-Qaeda, instalados na região, reivindicavam o separatismo islâmico. Nesse cenário conturbado, de forma inusitada, a Guerra ao Terror acabou fazendo com que os dois rivais da Ásia Meridional se aproximassem dos Estados Unidos, ainda que por motivos diversos.

De tempos em tempos, ressurgem as ondas de violência comunal. Em alguns casos, sua repressão promove figuras políticas, como a do primeiro-ministro indiano Narendra Modi (que assumiu o cargo em 2014). Em 2002, na condição de ministro da província de Gujarat, Narendra Modi foi responsável por incitar linchamentos de hindus contra muçulmanos, que ocasionaram mais de 2 mil mortes na região. De fato, o sonho de unidade de *Mahatma* Gandhi parece ainda muito distante da realidade da Ásia Meridional.

VIOLÊNCIA CONTRA A MULHER NA ÍNDIA E NO PAQUISTÃO

Dados da Fundação Reuters de 2018 apontaram que Índia e Paquistão eram os países do mundo mais inseguros para as mulheres. Como países que alçaram líderes políticas como Indira Gandhi e Benazir Bhutto chegaram a ser avaliados dessa forma?

A resposta reside em muitos fatores, mas um em particular carrega os traços singulares dos conflitos entre hindus e muçulmanos nos dois países: a violência comunalista. Várias ONGs internacionais e locais relatam que os principais episódios de violência comunal decorrem de conflitos de ordem intra ou inter-religiosa. E, nesses casos, os principais alvos dos perpetradores são justamente as mulheres. Tanto para extremistas hindus como para muçulmanos, o estupro, a nudez e o assassinato das mulheres são formas de chocar e aterrorizar o outro lado. Muitos são os usos políticos dessa violência, especialmente quando incentivada por partidos e governos, tanto da Índia quanto do Paquistão.

Não faltaram iniciativas políticas de agremiações feministas para combater a violência cujo alvo é o corpo feminino. Cabe, contudo, mencionar duas histórias de reação a abusos cometidos contra as mulheres.

Na Índia, na cidade de Lucknow, mulheres que faziam parte de grupos de apoio de jovens vítimas de abuso sexual decidiram criar uma ONG voltada não só para a educação de homens e mulheres, mas também para a autodefesa. Formadas em 2011, as Brigadas Vermelhas de Lucknow ganharam fama internacional por ensinarem artes marciais a mulheres idosas, jovens e crianças para que pudessem se defender de estupros e demais abusos.

No Paquistão, o nome mais lembrado é o de Malala Yousafzai, menina paquistanesa que aos 12 anos de idade denunciou ao mundo as privações e as violências contra as mulheres na região de Khyber Pakhtunkhwa, controlada por milícias do Talibã. Em 2012, Malala foi vítima de um atentado terrorista, mas sobreviveu e tornou-se uma das maiores ativistas pelo direito das mulheres à educação, ganhando o prêmio Nobel da Paz em 2014.

Essas e outras tantas histórias são a prova da luta das mulheres por direitos iguais que, em certa medida, ultrapassa os limites das rivalidades históricas entre Índia e Paquistão.

Japão entre os Tigres Asiáticos

Após as bombas atômicas que atingiram Hiroshima e Nagasaki, nos dias 6 e 9 de agosto de 1945, o governo imperial japonês acabou assinando sua rendição incondicional perante o comando militar do Exército dos Estados Unidos, pondo fim à Segunda Guerra Mundial. O fato de ser um país asiático o último a render-se perante os Aliados no conflito mais sangrento do século XX é um sinal da mudança do eixo geopolítico que estava em andamento no final de 1945.

Enquanto os Aliados reuniam-se nas famosas conferências de Teerã (1943), Yalta (1945) e Potsdam (1945) para redefinir as fronteiras e as zonas de segurança da Europa, o continente asiático estava num impasse. O expansionismo japonês desordenara a estrutura colonial de ingleses, franceses e holandeses de tal forma que a retomada das colônias por parte dos europeus na Ásia se mostrava muito difícil, ainda mais diante de movimentos de resistência nativos que lutavam por independência.

Para fugir de uma eventual retaliação soviética, o alto-oficialato japonês decidiu por assinar uma rendição incondicional, mas colocando os Estados Unidos como encarregados dos termos políticos da ordem pós-guerra. Nesse sentido, a Ocupação Militar Americana passou a governar o Japão em nome do Supremo Comando dos Poderes Aliados. Esse governo provisório teria de lidar com uma série de questões internas, além do próprio cenário específico da Guerra Fria que se avizinhava. O escolhido para liderar o governo nesse primeiro momento foi o general Douglas MacArthur, comandante responsável pelas operações no Pacífico.

RENDIÇÃO, OCUPAÇÃO E UMA NOVA GUERRA

Ainda durante a guerra, um dos principais receios dos militares japoneses era de que a URSS viesse a se estabelecer no norte do país, em Hokkaido. Isso e o ataque nuclear americano convenceram o Estado-maior japonês a declarar sua rendição para os Estados Unidos e a Inglaterra. Durante as tratativas, os americanos garantiram que o imperador Hirohito seria tratado como chefe de Estado e que o peso dos crimes de guerra seria jogado apenas sobre os oficiais militares. O pronunciamento público do imperador em cadeia nacional de rádio, admitindo a derrota japonesa e sua rendição, acarretou um profundo desgaste em sua imagem sagrada sustentada pela mitificação xintoísta e o restauracionismo Showa durante as décadas de 1930 e 1940.

Mesmo assim, MacArthur considerou necessário fazer dos primeiros dias da Ocupação um recado para os nacionalistas mais radicais. O general americano exigiu que a assinatura do acordo de paz fosse feita no encouraçado SS Missouri, que carregava a bandeira americana que o comodoro Perry ostentara na expedição de 1853 destinada a abrir o Japão ao comércio internacional. Ao mesmo tempo, MacArthur entendeu que, para a ocupação ocorrer sem maiores percalços, era preciso contar com o apoio da família real. Foi por isso que, já nesse primeiro encontro no navio de guerra americano, o general garantiu ao imperador que nenhum membro da família imperial seria acusado de ter cometido crimes de guerra. Isso tranquilizou a aristocracia imperial, que rapidamente rompeu laços com os militares mais nacionalistas.

Os Estados Unidos então destinaram milhões de dólares para a subsistência da população local que, atingida pela fome, encarava uma crise de desnutrição aguda desde o início de 1944. Assim, nos primeiros meses de Ocupação Militar, os EUA asseguraram o apoio da família imperial e da população civil.

MacArthur também procurou reformular o Estado japonês. Em outubro de 1945, seu governo aboliu as Leis de Preservação da Paz, instauradas em 1925, que inicialmente tinham como objetivo o combate ao comunismo e ao anarquismo, mas, conforme a ideologia restauracionista foi endurecendo o regime imperial, passaram a enquadrar praticamente todos os partidos e agremiações civis. A abolição dessas leis criou, na prática, um ambiente relativamente livre em termos civis, políticos e religiosos. Os prisioneiros políticos do regime foram soltos – entre eles, centenas de militantes comunistas, que puderam, pela primeira vez, fundar um Partido Comunista Japonês reconhecido legalmente. Outras leis como a da liberdade de crença (que tirou do xintoísmo o estatuto de religião oficial do Estado), a do sufrágio feminino (inclusive reduzindo a idade mínima para o voto) e a da legislação sindical japonesa (que assegurava a liberdade de organização dos trabalhadores) foram muito importantes nesse período, estabelecendo um regime relativamente liberal em termos de direitos civis – ainda que governado a partir de uma junta militar estrangeira.

Esta é considerada a primeira foto oficial do encontro do imperador do Japão, Hirohito, com o general dos Estados Unidos, Douglas MacArthur, que comandaria a Ocupação Militar Americana no Japão até 1949. [Gaetano Faillace, 27 set. 1945]

Além disso, a Ocupação anunciou a reabertura dos trabalhos do Parlamento japonês, com eleições gerais em 1947. Temendo que o poder econômico dos zaibatsus, os grandes conglomerados econômicos, pudesse subverter os resultados das urnas, o regime de MacArthur desmanchou 16 dos maiores conglomerados japoneses, por meio de uma série de medidas antitrustes. As comissões voltadas para o desmanche dos conglomerados também tinham a missão de assegurar a desindustrialização do Japão.

Todas essas medidas foram gradualmente sendo incorporadas numa nova carta constitucional que MacArthur estava elaborando junto a algumas autoridades japonesas. Tratava-se de uma nova Constituição que substituiria a antiga Constituição Meiji, de 1890, e tornaria o país uma monarquia parlamentar, com separação dos poderes e um sistema bicameral com representação política direta. Tais reformas acompanharam os processos referentes aos crimes de guerra japoneses, no chamado Tribunal de Tóquio. Nessa corte, assim como no Tribunal de Nuremberg, os Aliados julgariam os crimes de guerra cometidos pelo regime imperial.

Procurando evitar que acontecesse o mesmo que na Europa, quando promotores e juízes soviéticos ganharam destaque por seu rigor penal, MacArthur e o Departamento de Estado Americano convocaram juízes e promotores originários de 11 países, mas na defesa, somente advogados americanos e japoneses foram permitidos. O tribunal, que durou pouco mais do que dois anos, acabou sendo bem menos incisivo do que o tribunal da Alemanha ocupada. Os julgamentos em Tóquio dividiram os criminosos a serem julgados em três categorias: classe A (crimes contra a paz, relacionados somente aos principais líderes japoneses), B (crimes de guerra) e C (crimes contra a humanidade). Contudo, por ação dos advogados de defesa, os criminosos de classe C que não pertenciam às demais classes acabaram não sendo julgados em Tóquio. O resultado foi de sete sentenças capitais (entre elas, a do general Hideki Tojo e a do diplomata Koki Hirota, o único civil a ser sentenciado) e de 16 sentenças de prisão perpétua. Os demais julgamentos ficaram sob o encargo dos países invadidos e/ou ocupados, o que acabou tirando a responsabilidade direta de MacArthur pelos procedimentos do Tribunal – exceto, claro, a sua campanha pessoal para garantir que a família imperial jamais fosse julgada pelos crimes do regime.

Essas ações foram de grande valia para a manutenção do *status quo* do regime imperial japonês nos primeiros anos da Ocupação. As mudanças ocorridas na legislação civil, a nova Constituição e o Tribunal de Tóquio eram profundamente disruptivos para a ordem oligárquica do Japão pré-guerra. Mas ao mesmo tempo, a manutenção do símbolo do poder (ainda que despido da sua aura mítica) garantiu relativa estabilidade ao regime da Ocupação.

Contudo, no Primeiro de Maio de 1946, comunistas japoneses realizaram um protesto reunindo mais de 300 mil manifestantes que pediam não só punição para os criminosos de guerra, mas também a expulsão dos americanos. Ciente de que isso poderia gerar tensões sociais ainda maiores, MacArthur promoveu uma profunda reforma agrária no Japão, comprando as terras de latifundiários e distribuindo-as entre pequenos camponeses.

A pressão política, no entanto, continuou: em janeiro de 1947, os principais partidos de esquerda japoneses anunciaram uma greve geral para fevereiro. MacArthur, um notório anticomunista, começou a dar declarações de que essa greve seria impedida pela força se necessário. Essas declarações marcaram uma mudança de curso na política do regime da Ocupação: as liberdades civis seriam mantidas, mas o regime manteria um controle político sobre comunistas e socialistas. O processo de dissolução dos zaibatsus foi totalmente interrompido – das 325 companhias que a Ocupação originalmente esperava dissolver, somente 16 passaram por intervenção americana –, o que assegurou aos empresários japoneses o poder econômico e político necessário para frearem o avanço do comunismo no país.

Mesmo assim, nas eleições de 1949, o Partido Comunista Japonês saltou de 6% para 10% dos assentos no parlamento, tornando-se uma voz importante para impedir qualquer maioria de ser constituída. Em resposta, o governo de Ocupação decidiu, junto ao empresariado japonês, dar início a um "expurgo vermelho", demitindo milhares de funcionários comunistas dos setores público e privado da economia japonesa. O expurgo ganharia ares ainda mais dramáticos diante da escalada das tensões na antiga colônia japonesa, a Coreia.

Nos últimos dias da Segunda Guerra Mundial, o Exército Vermelho soviético atacou as posições japonesas na Manchúria, na Mongólia e na Coreia. Entre as divisões soviéticas, destacava-se o major coreano Kim Il Sung, promovido a líder político na Coreia, tornando-se um dos principais nomes da luta de libertação contra os japoneses. Contudo, tropas americanas desembarcaram no sul da península, criando zonas de proteção para as elites locais diante dos avanços dos comunistas. Conforme o clima de tensão se intensificou, já em 1948 era perceptível uma divisão política no território coreano: o norte foi tomado pelo agora Exército Popular da

Coreia, enquanto no sul, os Estados Unidos instituíam um governo fantoche com Syngman Rhee e suas próprias tropas na região.

A Coreia havia sido uma das primeiras colônias japonesas, estabelecida oficialmente em 1910. Com o final da Guerra no Pacífico em 1945, não foi feita nenhuma deliberação sobre qual deveria ser o destino do país. Contudo, havia grupos em prol da independência entre exilados na Rússia, na China, nos Estados Unidos e em outros países da Ásia. Os japoneses, desmantelado o regime imperial, compreendiam que cabia aos Estados Unidos dar o devido seguimento à independência da Coreia, mas temiam os problemas que isso geraria para os membros do governo colonial: afinal, seus atos seriam considerados crimes de guerra?

A resposta americana acabou sendo dada somente em 1950, quando enfim começou a Guerra da Coreia, após o avanço das forças de Kim Il Sung e do Exército Popular da Coreia num esforço para unificar o país. Receoso de que, combinada à República Popular da China, a Coreia também se voltasse ao socialismo, o alto-comando militar dos Estados Unidos decidiu usar o Japão como base militar estratégica para conter os avanços dos norte-coreanos. Nessa época, a política anticomunista de MacArthur no Japão vinha dando frutos, estimulando os partidos mais conservadores.

Secretamente, a Ocupação estava alistando oficiais japoneses para auxiliar as tropas estadunidenses na Guerra da Coreia. Isso gerou também algumas mudanças na política do governo de MacArthur. Ainda que estivesse expresso na Constituição que o Japão não mais poderia possuir forças armadas autônomas, foi permitida a criação das Forças de Autodefesa Japonesas, uma força policial e militar cuja função envolvia basicamente a proteção da soberania territorial japonesa – considerada fundamental para os americanos, diante do avanço dos comunistas na China, na Coreia e no Sudeste Asiático. Essas forças deram continuidade ao "expurgo vermelho" no país, fazendo com que o número de filiados ao Partido Comunista Japonês diminuísse de mais de 150 mil em 1948 para apenas 20 mil em 1955 – a maioria deles na clandestinidade.

Em 1951, Estados Unidos e Japão assinaram o Tratado de São Francisco, que marcou o fim da Ocupação para 28 de abril de 1952. O Japão voltava então a ter um governo civil, mas com algumas ressalvas – as Forças Armadas Americanas manteriam o controle das ilhas de Iwo Jima e Okinawa, consideradas suas principais bases militares no Extremo Oriente, além de deixarem 260 mil soldados americanos em território japonês.

A presença americana no país desagradou a muitos no Japão e foi alvo de protestos. Em 1952, uma multidão manifestou-se em frente ao Palácio Imperial exigindo que os americanos saíssem de vez do país. A polícia abriu fogo contra os manifestantes, ferindo mais de 2.300 pessoas. Ao longo desse ano, as tensões se avolumaram, o que fez com que o novo governo parlamentar passasse a Lei de Prevenção às Atividades Subversivas, tipificando como terrorismo qualquer protesto considerado violento pelo governo. O Japão entrava numa nova fase política, mais independente. Mas o contexto da Guerra Fria limitava o alcance das liberdades civis no país.

A RECUPERAÇÃO ECONÔMICA JAPONESA SEM MILAGRE

Depois de deixar o Japão, MacArthur se tornou comandante das forças americanas na Guerra da Coreia, mas, ao defender uma saída nuclear para o conflito, foi obrigado pelo presidente Harry Truman a retirar-se do cenário asiático em abril de 1951. Sua saída foi seguida de uma decisão diplomática que dividiu o país em dois territórios, a partir do Paralelo 38 e que posteriormente, na Convenção de Genebra de 1954, ratificaria a fronteira separando as duas Coreias. O norte ficaria sob comando direto do Partido dos Trabalhadores da Coreia, ligado ao bloco soviético, enquanto o sul, presidido por Syngman Rhee, ficaria vinculado ao bloco capitalista, liderado pelos EUA.

Para o Japão, a nova ordem permitiu a retomada de investimentos estrangeiros na economia local – em especial, investimentos de bancos e grandes empresas americanas. A infraestrutura do país foi reconstruída a partir de gigantescas entradas de dólares direcionados para obras públicas e para a construção de indústrias de transformação (praticamente destruídas depois da Segunda Guerra Mundial). Com o fim da política de desmonte dos zaibatsus e com as indústrias japonesas garantindo apoio logístico para tropas americanas no Pacífico envolvidas na Guerra da Coreia, o Japão teve um crescimento econômico significativo. O capitalismo monopolista japonês continuou dependendo do complexo industrial-militar para manter sua posição de hegemonia regional, com a diferença de que, agora, o principal comprador dessas mercadorias eram os Estados Unidos.

No final de 1954, os indicadores econômicos do Japão já haviam se recuperado, atingindo os níveis de crescimento e produção industrial do período entreguerras. A subsistência dos japoneses havia sido devidamente assegurada pela Ocupação: com milhões de dólares investidos em auxílios emergenciais para alimentar a população e a reforma agrária empreendida pelos americanos, a pequena propriedade rural com produção destinada aos mercados locais foi assegurada. A maior parte do capital que permitiu a recuperação da economia japonesa tinha vindo de fora, porém, terminada a Guerra na Coreia, cabia ao Japão tomar as rédeas de seu crescimento.

Dois caminhos eram apontados nesse momento. De um lado, os socialistas e os sociais-democratas japoneses defendiam um programa continuado de investimento de base, retomando a perspectiva antimonopólio que a Ocupação inicialmente havia defendido. De outro, os conservadores japoneses pretendiam garantir o crescimento industrial, estabelecendo um governo com ampla participação dos líderes dos conglomerados nas decisões dos gabinetes ministeriais. Venceu esta segunda tendência. Em 1955, os conservadores conseguiram fundir seus principais partidos em uma única agremiação, que acabou triunfando em diversos pleitos eleitorais no Japão: o Partido Liberal Democrático (*Jiyu-Minshuto*). Entre 1955 e 1993, esse partido governaria o país de maneira ininterrupta, apoiado diretamente pelo Departamento de Estado Americano e até mesmo pela Agência Central de Inteligência dos Estados Unidos, a CIA.

Com a hegemonia do Partido Liberal Democrático, os projetos para o crescimento econômico japonês passaram a ser pensados a partir das relações do Estado com os setores monopolistas da economia. Para poder atrair capital estrangeiro para as grandes empresas japonesas, o novo governo buscou crédito nos Estados Unidos, agindo como intermediário nos empréstimos bancários. Por conta disso, para garantir que os empréstimos fossem pagos, o controle administrativo desse capital agora passaria para os bancos municipais e estaduais, sendo centralizado no Banco Nacional Japonês. Isso tirava a autonomia das empresas de buscar por si mesmas os investimentos no exterior e, ao mesmo tempo, permitia ao governo direcionar os empréstimos segundo suas próprias avaliações sobre quais seriam os mais importantes, de acordo com metas estratégicas estabelecidas por ele próprio. Esse modelo, chamado de *keiretsu*, mantinha a estrutura monopolista dos grandes conglomerados, mas alterava sua relação com o capital e com o Estado, garantindo assim uma espécie de rede protecionista ao crédito no país. O modelo *keiretsu*, mais descentralizado, permitiu também o funcionamento de fábricas menores, com menos pessoal e maior automação.

Além disso, com a presença de setores das finanças públicas, era possível fazer planos de médio e longo prazo para as indústrias nacionais, procurando corresponder às demandas externas sem desguarnecer o mercado interno.

Transformações de ordem produtiva também ocorreram no Japão. Em 1948, a fábrica de carros Toyota mudou a dinâmica da produção industrial, adotando o "toyotismo", um sistema de produção baseado na fabricação sob demanda. Esse sistema estabeleceu novos parâmetros para dar conta da realidade específica do Japão pós-guerra: população com baixíssima renda e escassa oferta de materiais de indústria pesada. Em outras palavras, a demanda por carros era pequena (era preciso evitar acumulação de mercadorias em estoque) e era necessário não desperdiçar material durante o processo de produção. Em inglês, o novo modelo produtivo foi apelidado de *just-in-time*, por reduzir o tempo das operações, procurando diminuir ao máximo a distância entre a linha de montagem e os consumidores. O toyotismo mostrou-se mais eficiente que o taylorismo e o fordismo, garantia uma menor taxa de desperdício e evitava a superprodução.

Aos poucos, a produção industrial japonesa atingiria novos patamares de eficiência e produtividade. Os ganhos econômicos da década de 1950 foram acompanhados, contudo, por um intenso ciclo de greves e revoltas operárias entre 1959 e 1960. Para muitos sindicatos japoneses, o salário dos trabalhadores não estava acompanhando o aumento da produtividade e dos lucros das grandes companhias.

O sentimento antiestadunidense também cresceu na população. Liderados por operários descontes e estudantes, protestos massivos ocorreram em maio e junho de 1960. Conhecidos como Protestos de Anpo, eles levaram às ruas mais de 16 milhões de pessoas em todo o país, exigindo a revogação de tratados feitos entre Estados Unidos e Japão que envolviam a permanência de tropas americanas e a liberdade de instalação de bases militares em todo o território japonês. Em uma das manifestações, uma multidão cercou o carro do assessor de imprensa do presidente americano Dwight Eisenhower, obrigando os fuzileiros navais americanos a resgatá-lo com o uso de helicópteros. O governo do Partido Liberal Democrático, receoso de que o descontentamento dos Estados Unidos pudesse levar ao fim da remessa de capitais estrangeiros, não hesitou em reprimir os manifestantes com soldados das Forças de Autodefesa Japonesas e também com membros recrutados da máfia japonesa, a Yakuza. Essa tática já tinha sido usada nas greves dos mineiros em Kyushu, que protestavam contra a mecanização da produção que provocava o desemprego na região.

Com a hegemonia política do Partido Liberal Democrático, a campanha anticomunista e a utilização do crime organizado na repressão aos movimentos sindicais, o capital japonês encontrou as condições ideais para expandir o modelo toyotista de produção para diversos tipos de indústria. Na década de 1960, um novo nicho passou a ser explorado: a miniaturização de transistores. Planejando uma expansão econômica por dez anos, o primeiro-ministro Hayato Ikeda desenvolveu mecanismos que protegiam setores do mercado interno, ao mesmo tempo que liberalizava o comércio japonês para atender às demandas internacionais da indústria de eletrônicos, diminuindo tarifas alfandegárias de produtos destinados às indústrias mais tecnológicas. Em pouco tempo, as exportações japonesas de microtransistores decolaram – tendo como principal comprador justamente os Estados Unidos, em especial a Marinha de Guerra americana, que utilizava os equipamentos japoneses para funções de rádio e radar.

Ao mesmo tempo, o governo de Hayato Ikeda procurou melhorar a infraestrutura econômica e produtiva japonesa. Houve investimento em trens, rodovias, e toda a malha de transportes do país recebeu um aporte gigantesco, bem como o setor energético. Em pouco tempo, os economistas passaram a falar em "milagre japonês" ao se referir ao fato de que, em 1964, a economia japonesa havia crescido 13%, com a perspectiva de seguir crescendo nos anos seguintes.

O espantoso crescimento econômico, contudo, gerou novas tensões. O movimento operário e sindical estava sufocado pela intensa repressão política, mas o movimento estudantil pôde crescer graças à expansão universitária promovida pelo governo Ikeda. Muitos estudantes passaram a militar em grupos e movimentos de esquerda, dos moderados aos mais radicais. Diante da retração das reivindicações trabalhistas, as pautas dos movimentos de contestação nos anos 1960 se voltaram para a questão ambiental, contra os impactos ecológicos da acelerada industrialização japonesa. O medo da crescente poluição do ar e dos rios mobilizou estudantes e populações locais contra grandes companhias. Os conflitos com a polícia se intensificaram.

Em 1968, 67 universidades foram ocupadas por manifestantes com diversas pautas, desde reformas no sistema universitário até a interrupção da construção de hidroelétricas e de usinas nucleares. Era o auge do movimento estudantil.

A questão nuclear era um fator de tensão social no Japão desde o imediato fim da Segunda Guerra Mundial. A recusa dos Aliados em caracterizar os bombardeios nucleares como "crimes de guerra" gerou profundo ressentimento entre sobreviventes e associações de vítimas, os chamados *hibakusha*. Sofrendo preconceito no mercado de trabalho e na sociedade civil japonesa, essas pessoas pressionaram o poder público para criar uma medida de reparação aos sobreviventes. Finalmente, em 1957, o Parlamento japonês aprovou uma lei que garantia um estipêndio regular aos sobreviventes dos bombardeios de Hiroshima e Nagasaki. Mas logo ficou claro, a partir de estudos, que a radiação existente ainda causava uma série de doenças e complicações de saúde aos residentes das cidades bombardeadas e seus arredores. Assim, o reconhecimento oficial de 650 mil *hibakusha* merecedores de ajuda governamental por parte do Estado japonês não aplacou o medo que a população nipônica tinha da energia nuclear.

Em 1954, o cinema japonês foi descoberto pelo mundo todo com a história fictícia de Godzilla, uma criatura pré-histórica que teria despertado de seu sono na profundeza do mar do Japão após testes com armas nucleares na costa do país. O filme *Godzilla*, que inaugurou todo um gênero cinematográfico, era um libelo contra o uso de armas nucleares, mas expressava também o receio com o emprego da própria energia atômica. Isso, porém, não impediu que o plano desenvolvimentista do primeiro-ministro Hayato Ikeda buscasse, junto a britânicos e estadunidenses, ajuda para implantar usinas de energia nuclear no Japão. Em 1966, foi inaugurada a primeira usina de energia nuclear no país, comissionada por uma indústria mista chamada Companhia de Energia Atômica do Japão. Os protestos contrários à energia nuclear no país se avolumaram nas décadas seguintes, ganhando a adesão de milhões de pessoas.

Nos anos 1960, além das mobilizações estudantis e ambientalistas, os protestos antiestadunidenses continuavam a ocorrer. Os Protestos de Anpo não haviam obtido a revogação dos tratados com os Estados Unidos, mas revelaram uma relação bastante desgastada entre japoneses e americanos. Na esteira dos novos protestos em cena, os jovens japoneses passaram a se voltar para o pacifismo e para a crítica à Guerra do Vietnã (1956-1975). Com o Japão sendo usado como posição avançada para a intervenção americana no Sudeste Asiático, havia o medo de que o país virasse alvo de uma eventual escalada nuclear nos conflitos da região. Por isso, muitos jovens voltaram a exigir a retirada imediata das tropas americanas do país. A renovação dos tratados, marcada para 1970, acabou sendo feita de forma automática, sem muita publicidade para tentar impedir que os protestos estudantis e os protestos contra a guerra se combinassem aumentando a tensão política.

CRISE ENERGÉTICA, NOVOS PROTESTOS E NOVO PADRÃO DE VIDA

No final de 1960, durante o governo de Richard Nixon, a principal liderança conservadora americana do Partido Republicano, os Estados Unidos modificaram sua política externa. No Sudeste Asiático, o país não só insistiu na intervenção militar, como também expandiu as operações contra o Laos e o Camboja, além do próprio Vietnã. Nesse contexto, países como Filipinas, Tailândia e Japão eram centrais para a estratégia americana de reocupar o Pacífico e, com isso, ganhar a dianteira na Guerra Fria. Lobistas e senadores americanos ligados ao governo passaram a pressionar para que o Japão pudesse ampliar seus gastos militares com as Forças de Autodefesa Japonesas. Ao mesmo tempo, visando diminuir a influência soviética na Ásia, a política externa americana conduziu os japoneses a reconhecerem o governo da República Popular da China.

O governo Nixon fez ainda com que boa parte do bloco capitalista sofresse um violento choque econômico iniciado, num primeiro momento, com o fim do padrão-dólar estabelecido no Tratado de Bretton Woods em 1944. Essa medida, tomada em 1971, obrigou os bancos nacionais dos países capitalistas a deixarem suas moedas flutuantes, sem uma paridade específica – e, portanto, mais sujeitas às intempéries do sistema financeiro. A medida de Nixon, combinada à Crise do Petróleo de 1973, desestabilizou profundamente as metas de crescimento econômico japonesas. O país, dependente do petróleo internacional, vivenciou uma crise energética incomensurável que gerou "apagões" na sua produção industrial e um crescimento inflacionário ameaçador. Lição aprendida. Nos anos seguintes, boa parte da economia japonesa se destinou a proporcionar alternativas energéticas para o país, levando ao aumento do número de hidroelétricas, complexos petroquímicos e usinas nucleares.

Ao mesmo tempo, o Partido Liberal Democrático adotou uma série de medidas fiscais para fortalecer o setor de microtransistores, miniaturizando semicondutores e outros materiais tecnológicos. Em meados dos anos 1970, o Japão já era considerado um "polo de miniaturização", tendo restaurado a sua capacidade industrial e escapado à Segunda Crise do Petróleo, em 1979.

A ênfase na indústria tecnológica gerou profundas mudanças na produção fabril japonesa que, embalada pelo toyotismo, abandonou os grandes espaços industriais e passou a se concentrar em pequenas unidades produtivas, inclusive empregando um grande número de mulheres trabalhadoras. A política externa japonesa também mudou, passando a praticar o *dumping* para seus produtos eletrônicos (o Estado japonês agora subsidiava indústrias de semicondutores e microchips voltadas para o mercado exterior).

O salto tecnológico japonês acabou sendo muito bem recebido por alguns países do Extremo Oriente, como Taiwan, Coreia do Sul, Cingapura e Hong Kong (que, na época, era uma possessão colonial britânica). Nesses quatro países, o exemplo japonês de investimento pesado em eletrônicos, combinado com a ação direta do Estado na reorganização do capital e dos setores produtivos, iluminou caminhos próprios. Todos eles viviam regimes autoritários que conseguiam diminuir o dissenso e permitiam, sem entraves de opinião, que se explorasse ao máximo a força de trabalho local. Em alguns casos, como na Coreia do Sul, até mesmo a estrutura oligárquica das grandes empresas se assemelhou ao modelo japonês. Nesse país, organizaram-se, a partir de empresas privadas de famílias tradicionais, os *chaebol*, grandes conglomerados beneficiados pela política de investimentos adotada pelo regime militar sul-coreano.

No final dos anos 1970, o novo modelo que privilegiou o crescimento acelerado de exportações tecnológicas levou analistas ocidentais a chamarem os países da região de "Tigres Asiáticos". Contudo, entre as consequências desse modelo estavam a intensa concentração de renda nas mãos de poucas famílias, o uso de censura e coerção para minar a organização dos trabalhadores e, claro, o forte investimento governamental em subsídios para que os conglomerados não competissem entre si, criando um equilíbrio oligárquico tênue na base capitalista desses países. Ainda assim, até o final da década de 1990, os Tigres Asiáticos se apresentavam como um bloco econômico capaz de fazer frente aos interesses do Ocidente.

O Japão considerou o crescimento econômico de seus vizinhos uma grande oportunidade. Com a indústria tecnológica mais avançada e os subsídios governamentais estabilizados, o Japão fornecia boa parte dos microchips e semicondutores para as indústrias da Ásia Oriental. Mesmo países que antigamente antagonizavam com os japoneses, como a República Popular da China e a Coreia do Norte, agora compravam os produtos tecnológicos de empresas como Kodak, Fuji, Sony, entre outras. A abertura comercial iniciada nos anos 1960 ganhou, com o tempo, características mais agressivas.

Por outro lado, o autoritarismo do Partido Liberal Democrático também foi ficando mais evidente para a opinião pública. Em 1976, escândalos de corrupção afastaram o primeiro-ministro Kakuei Tanaka, gerando comoção no país. O partido se viu obrigado a fazer uma série de reformas. Denúncias de envolvimentos de políticos influentes com a Yakuza minavam a credibilidade da política institucional. Durante esse período turbulento, os gabinetes mudavam constantemente, dependendo cada vez mais de alianças com partidos menores para assegurar a governabilidade.

Do ponto de vista das esquerdas japonesas, as coisas também não iam bem. Após a Crise do Petróleo, a inflação acelerada impulsionou a retomada da atividade sindical no país, que então bancou diversas greves em setores fabris. Em 2015, uma matéria do jornal *Japan Times* noticiou que, em 1974, o país havia atingido seu recorde histórico de greves, com 9.581 paralisações em um ano (em 2013, o país teria apenas 71 greves em todo ano). Um *boom* de greves, motivado pela subida vertiginosa do custo de vida, foi também registrado em 1975. Depois, aos poucos, as greves foram diminuindo. Fragmentados, os partidos de esquerda não conseguiram se beneficiar da efervescência política nem se contrapor às políticas do Partido Liberal Democrático, pois, mesmo com a inflação, os subsídios agrícolas que Estados Unidos e Japão forneciam garantiam a subsistência da população, cuja maior preocupação – pela primeira vez na história do país – era a capacidade de adquirir bens de consumo e usufruir dos transportes. As esquerdas também mostravam dificuldade em lidar com a transformação tecnológica da indústria japonesa que levou ao fechamento de várias fábricas e eliminou, graças à mecanização, inúmeros postos de trabalho.

Cansados da inação dos poderes públicos e dos partidos políticos diante de seus problemas, trabalhadores acabavam por vezes se organizando em cooperativas, adotando um modelo de autogerenciamento de pequenas unidades produtivas, assumindo contratos e promovendo mudanças produtivas do chão de fábrica de acordo com seus próprios interesses. Essas formas de "ocupação fabril" acabaram diminuindo consideravelmente a quantidade de greves, estimulando uma nova tendência na economia global: a do *outsourcing* ou "terceirização". Ao optar pela terceirização, as grandes empresas se desoneravam de unidades produtivas com custos considerados altos demais. Em contrapartida, cooperativas e outros contratantes assumiam as tarefas de produção sem estarem vinculados por um contrato de trabalho – e, sim, por um contrato de compra e venda dos produtos. A inovação produtiva gerou uma redução considerável nas próprias ações trabalhistas japonesas, com impactos profundos na economia da década seguinte.

Nos anos 1980, o Japão passaria por novas mudanças econômicas. Para manter o subsídio das indústrias tecnológicas, o governo japonês passou a defender a privatização das indústrias estatais (copiando o receituário do governo Ronald Reagan). O primeiro-ministro da época, Yasuhiro Nakasone, adotou uma agenda privatista que incluiu, entre outras medidas, a venda de todas as ferrovias do país, bem como de setores de telecomunicações e de indústrias de consumo, como sal e tabaco. Com isso, em pouco tempo, a produtividade do Japão aumentou drasticamente, mas também o desemprego.

Grandes empresas japonesas rapidamente se apropriaram do patrimônio público privatizado – para elas, Yasuhiro Nakasone foi excelente. Mas havia muitos trabalhadores descontentes. Para conseguir mais apoio da população, Nakasone estimulou o nacionalismo japonês, inclusive promovendo uma famigerada reforma dos livros escolares, que em seus textos passaram a minimizar e até mesmo esconder os crimes de guerra japoneses durante a Segunda Guerra Mundial.

Para garantir as portas internacionais abertas para a economia japonesa, o Partido Liberal Democrático teve de intensificar suas relações exteriores com os demais países asiáticos, com programas de cooperação internacional. O comércio internacional japonês chegava a parâmetros nunca antes vistos, com indústrias automotivas do país adentrando nos mercados dos Estados Unidos, para desespero de parte dos grandes industriais americanos.

Na década de 1980, o Japão passou por um crescimento acelerado da urbanização e dos serviços, setor que sustentaria boa parte do crescimento econômico japonês. Cidades como Tóquio, Kyoto e Osaka dobraram de tamanho; em pouco tempo se tornaram verdadeiros pesadelos imobiliários, com uma supervalorização estratosférica dos terrenos privados (em 1989, o bairro nobre de Ginza, em Tóquio, possuía o metro quadrado mais caro do planeta). Enquanto isso, a sociedade japonesa estava ficando cada vez mais idosa – no final da década de 1980, empresas já reclamavam da escassez de trabalhadores jovens nos diferentes setores da economia e da sobrecarga no sistema de pensões para os aposentados.

Em janeiro de 1989, faleceu Hirohito, o imperador Showa. Desde a ocupação de MacArthur, a figura do imperador japonês era meramente acessória na política japonesa e Hirohito se submeteu a esse papel, representando diplomaticamente o Japão no mundo ocidental e se dizendo grato aos americanos por reconstruírem o país. Seu filho, Akihito, assumiu o trono em 1989, inaugurando a Era Heisei (numa tradução aproximada, "Desejo de paz").

CRISE, ESTAGNAÇÃO E INCÓGNITAS: O JAPÃO NO TERCEIRO MILÊNIO

A morte de Hirohito não abalou a política nem alterou os rumos do Japão às vésperas dos anos 2000. Foi apenas uma coincidência ela ter ocorrido no ano em que a economia japonesa sentiu seu primeiro baque.

Conforme a moeda nacional, o iene, valorizava-se perante o dólar americano, o controle de capitais por parte do Banco do Japão ficava cada vez mais complexo. Aos poucos, o governo reduziu a taxa de investimento em obras públicas e passou a criar mecanismos de controle mais eficientes para que não houvesse perda de moeda – como, por exemplo, impor um inédito imposto sobre o consumo no país. Essas medidas, embora impopulares, agradavam ao mercado financeiro japonês. O ramo imobiliário deslanchava, e isso provocava um otimismo na bolsa de valores, a Nikkei, que em 1990 estava batendo recordes de volume de capital. Tudo isso iria ruir.

Entre janeiro e dezembro, a bolsa de valores de Tóquio caiu 43%, uma queda acelerada e constante, a qual duraria até meados de 1991. A principal causa foi justamente o movimento especulativo imobiliário, já notado na década anterior. Durante os anos 1980, o preço do metro quadrado nas grandes cidades japonesas chegou a níveis impraticáveis para a maior parte das pessoas. Grandes corporações – em especial, bancos privados – passaram a comprar terrenos e usá-los como mercadorias de troca no mercado futuro. A sustentação desses bancos privados, em vez de ser dada pelo Banco do Japão (que atuava como Banco Central), agora se baseava no mercado imobiliário, que se valorizava cada vez mais na bolsa. Todavia, essa valorização era fictícia – tão logo as exportações japonesas passaram a cair, a fuga de capitais foi imediata.

A década de 1990 começou com a economia japonesa se retraindo a níveis assombrosos, declarando o fim da "era do milagre". Com a fuga de capitais, muitos bancos privados tiveram que fechar. O impacto imediato se deu justamente no consumo dos próprios japoneses, que foi reduzido de forma considerável. Ao mesmo tempo, sem condições de manter a mesma competitividade no comércio exterior de outras décadas, o mercado nacional de eletrônicos e produtos tecnológicos se viu saturado.

Quando parecia que a economia japonesa poderia voltar a níveis estáveis, a Ásia Oriental foi abalada por uma nova crise em julho de 1997. A Tailândia viveu uma crise financeira que, num efeito cascata, atingiu Filipinas, Indonésia, Malásia e afetou até mesmo os Tigres Asiáticos. Os Tigres, que até então se inspiravam no modelo de desenvolvimento econômico japonês, perceberam que muito do crescimento econômico da década de 1990 estava ligado às bolhas especulativas de diferentes setores da economia. Assim, ainda que o Japão não tivesse sido atingido diretamente, a desconfiança dos mercados restringiu os investimentos externos na Ásia – com exceção da República Popular da China, que escapou relativamente incólume da crise econômica.

Com a escassez de capital que pairava sobre a economia japonesa, muitos analistas definiram os anos 1990 como uma "década perdida" para o Japão. Em termos sociais, duas questões merecem particular destaque: a primeira é que, diante da crise, a situação de pensionistas e aposentados ficou particularmente crítica, levando em consideração que muitos bancos de aposentadoria faliram durante o período. A outra se refere ao fato de que, para os mais jovens, a crise fez com que postos de trabalho mais estáveis se tornassem escassos. Subiram as taxas de desemprego e de subocupação da mão de obra.

Contudo, tais transformações não geraram uma maior radicalização política dos trabalhadores. De fato, os anos 1990 viram também um declínio profundo na sindicalização japonesa, bem como de greves e paralisações no país. A grande oferta de trabalhos precários acabou reduzindo o poder de negociação dos sindicatos, que não tinham mais a força de outras décadas. Além disso, os processos de mecanização das fábricas e os sistemas de autogerenciamento tinham minado as estratégias de luta política dos setores mais à esquerda.

Os protestos ambientalistas, contudo, seguiram sendo uma constante nesse período e com cada vez mais motivos. A partir de 1991, alguns acidentes nucleares de pequena escala atingiram o país. O vazamento de radiação e o medo de consequências ambientais graves geraram uma série de protestos ao longo da década de 1990, mas nada comparado com a reação popular ao desastre do vazamento do reator da usina de Fukushima, ocorrido em março de 2011 (o governo japonês calculou cerca de 2 mil mortes indiretas relacionadas ao episódio).

Na esfera da política institucional, a instabilidade econômica e o fim da Guerra Fria enfraqueceram finalmente o Partido Liberal Democrático, que governava o país desde 1955. Em 1993, uma aliança de novos partidos e candidatos independentes conseguiu maioria no Congresso japonês. Mas, sem força suficiente para governar, acabou encabeçando três ministérios de curta duração. A dificuldade da oposição para se organizar e mudar de fato os rumos da política econômica japonesa permitiu a volta do Partido Liberal Democrático em 1996, mas com algumas diferenças. O partido, antes totalmente hegemônico, passou a ter que dividir poder no Parlamento com partidos conservadores, como o Novo Partido Conservador e o Novo Komeito (um partido declaradamente budista). Nesse movimento, os liberais democráticos acabaram se inclinando mais "à direita", promovendo uma plataforma liberal na economia e cada vez mais conservadora nos costumes e na política.

Um resultado desse movimento é que o Partido Liberal Democrático se tornou uma importante plataforma para a divulgação de discursos revanchistas por parte de nacionalistas japoneses. Entre esses discursos, destacam-se a rivalidade com chineses e coreanos (inclusive o negacionismo relativo aos crimes de guerra da época da Segunda Guerra Mundial) e a necessidade de "rearmamento japonês diante da postura belicosa" de países como a República Popular da China e a República Democrática da Coreia (ou Coreia do Norte). O primeiro-ministro Shinzo Abe (2006-2007 e 2012-2020) foi uma das vozes mais destacadas na política japonesa defendendo essa plataforma nacionalista, inclusive reivindicando que as Forças de Autodefesa Japonesas recebessem ainda mais investimentos que lhes permitissem colaborar em missões internacionais. Tais políticas geraram um novo conjunto de tensões internacionais com a China e ambas as Coreias.

AS "MULHERES DE CONFORTO" E AS BATALHAS PELA MEMÓRIA

Ao longo das décadas de 1930 e 1940, as Forças Armadas nipônicas construíram verdadeiras redes de bordéis nas colônias japonesas pela Ásia, que praticamente legalizaram a violência sexual dos militares, criando a figura das chamadas "mulheres de conforto".

Não há uma estimativa consensual, mas os números variam entre 200 a 400 mil mulheres (muitas delas menores de idade), coreanas, chinesas ou mesmo japonesas que foram escravizadas pelo Exército Japonês para atender às demandas sexuais dos militares (e, muitas vezes, também servirem com enfermeiras e serviçais). Conforme o Império Japonês se expandia, a composição dessas mulheres era acrescida de javanesas, filipinas, vietnamitas, entre outras nacionalidades. Pouco se sabe sobre quantas dessas mulheres sobreviveram à violência sexual, a torturas e maus-tratos – incluindo a esterilização forçada de milhares delas. A vasta maioria tinha origem camponesa pobre e não contava com uma rede familiar forte. Em muitos casos, eram mulheres aliciadas ou vendidas para intermediários que operavam junto aos oficiais japoneses.

A prática amplamente difundida de utilizar "mulheres de conforto" seria, contudo, negada pelas autoridades japonesas no pós-guerra, que passaram a tratar a questão como "mito político".

Em 1991, Kim Hak-sun, uma sobrevivente dessa terrível experiência, veio a público contar a sua história. Aos poucos, outras mulheres coreanas e chinesas também foram ouvidas. Além disso, a história das "mulheres de conforto" é amparada em inúmeras fontes documentais. Todavia, setores mais conservadores no Japão continuam tratando o assunto como "propaganda de guerra", questionando cifras e até mesmo a veracidade dos relatos. Em 2007, o governo do primeiro-ministro japonês Shinzo Abe afirmou que não havia evidências de que os soldados imperiais haviam forçado essas mulheres.

Ainda hoje a disputa pela memória e pelas responsabilidades adentra os tribunais do Japão e da Coreia do Sul, e a questão da indenização às sobreviventes é um tema profundamente mobilizador da política de ambos os países.

Ao longo da década de 2010, a economia japonesa voltou a crescer, mas de forma menos acelerada, nada comparado aos anos do "milagre". Ao mesmo tempo, uma nova onda de sindicalizações e de protestos fortaleceu partidos de esquerda e centro-esquerda, como o Partido Social-Democrata Japonês e até mesmo o Partido Comunista Japonês. E, no xadrez internacional do início dos anos 2020, o Japão continua a ser uma peça relevante.

As revoluções chinesas dos séculos XX e XXI

A República da China se tornou uma realidade, ainda que fraturada por inúmeras unidades políticas, só conseguindo recuperar parte de sua unidade territorial em 1930, quando o Kuomintang expulsou a maior parte dos "senhores da guerra" do norte do país. Contudo, a Invasão da Manchúria (1931) e a subsequente Invasão Japonesa (1937) mudaram completamente esse panorama. Entre 1937 e 1945, o território chinês se viu parcialmente invadido pelos japoneses, que conseguiram ocupar a maior parte do litoral, mas não puderam avançar muito além para o interior da China.

Conforme a Segunda Guerra Mundial avançava, a máquina de guerra japonesa foi se dando conta de que não poderia continuar suas ofensivas na China, pois se deparava com dois tipos de resistência igualmente destrutivos. De um lado, os "nacionalistas" que, contando com o apoio bélico de Estados Unidos e Inglaterra, bombardeavam incessantemente as posições japonesas. De outro, os comunistas chineses que, reorganizados e rearticulados, empreendiam uma guerrilha rural contra os invasores, com um número cada vez maior de militantes.

Quando as bombas atômicas caíram em Hiroshima e Nagasaki, o Japão ainda ocupava boa parte do território chinês. Tropas soviéticas na Manchúria, depois da declaração de guerra da URSS, ameaçavam essa ocupação, pressionando os japoneses. Antes da rendição japonesa aos Aliados, as forças soviéticas já tinham avançado até o norte da Coreia e retomado os territórios do norte da China, entregando-os para os comunistas chineses, que passaram a controlá-los.

No final de agosto de 1945, Chiang Kai-shek, em nome do Kuomintang, e Mao Tsé-tung, em nome dos comunistas, resolveram negociar um acordo de paz, mas não chegaram a um consenso. Nesse meio-tempo, tensões fronteiriças começaram a acirrar as disputas de poder entre nacionalistas e comunistas. O governo americano, procurando dar proeminência às forças de Chiang Kai-shek, ordenou que o Exército Nacionalista se instalasse nas grandes cidades do norte, mas isso não mudou o panorama das disputas locais. No campo, os comunistas mantinham sua hegemonia e se recusavam a aceitar ordens dos nacionalistas. Em junho de 1946, incomodado com o fato de os militares soviéticos estarem armando os comunistas chineses, Chiang Kai-shek iniciou uma ofensiva militar no norte da China, dando início à Guerra Civil Chinesa (1946-1949).

Essa guerra surpreendeu muitos analistas da época. Com menos armas, os comunistas pareciam fadados à derrota. Em março de 1947, o Kuomintang conquistou a "capital dos comunistas", a cidade de Yan'an. Mas o controle da zona rural permitiu contraofensivas de militantes do Partido Comunista Chinês e do seu Exército Popular de Libertação (EPL). Ao militarizar suas bases no campo, os comunistas haviam criado pontos de bloqueio para a chegada de alimentos destinados a abastecer grandes cidades. Com isso, Chiang Kai-shek não conseguiu manter suas tropas devidamente abastecidas para novas ofensivas. Assim, no final de 1948, o EPL conseguiu controlar todo o nordeste do país, expulsando os nacionalistas.

Em 1949, o *momentum* da guerra tinha mudado. A ideia de sufocar as cidades vinha se mostrando uma estratégia eficaz e que contava com imensa participação de camponeses. Já em janeiro, os comunistas tinham assegurado um exército maior do que o dos nacionalistas e estavam empurrando as forças de Chiang Kai-shek para o sul da China. Pressionados, os nacionalistas se retiravam de forma desordenada. Em abril, a expectativa era de que Mao Tsé-tung encerrasse a sua ofensiva, mas o líder comunista se recusou a parar. Enquanto a ofensiva comunista prosseguia no ano de 1949, Mao Tsé-tung proclamou, no dia 1º de outubro, a República Popular da China um regime comunista. Os líderes nacionalistas se refugiaram na Ilha de Formosa, atual Taiwan. De lá, Chiang Kai-shek proclamou a cidade de Taipei capital da República da China, um regime capitalista. A sangrenta guerra civil chinesa havia feito mais de 2 milhões de mortos.

O EPL estabeleceu suas bases em praticamente toda a China continental e em várias outras ilhas chinesas, mas não conseguiu retomar Taiwan, que contou com o apoio militar da Marinha dos EUA para garantir sua soberania. A paz não foi assinada oficialmente entre os dois países, e a exigência do governo revolucionário de unificar a China não foi atendida.

PRIMEIRO A GUERRA, DEPOIS A REVOLUÇÃO

A unificação de toda a China se tornou um sonho distante. Em Taiwan, a ditadura de Chiang Kai-shek angariou apoio militar e econômico dos Estados Unidos, mantendo um regime notoriamente anticomunista até 1991. Chiang Kai-shek morreu em 1975, deixando seu filho Chiang Ching-kuo na presidência do país.

A Revolução Chinesa liderada pelos comunistas conseguiu, contudo, empreender a reunificação de todo o território continental chinês. O Tibete, província ao sudoeste do país, ofereceu alguma resistência, mas o Exército Popular de Libertação acabou ocupando militarmente a região.

O novo governo da China era encabeçado pelo Comitê Central do Partido Comunista, tendo Mao Tsé-tung como principal líder, graças ao papel desempenhado por ele na Grande Marcha e nas guerras que se seguiram com o protagonismo dos camponeses. O novo governo era controlado diretamente pelo PCCh, que autorizou que oito partidos políticos continuassem existindo, desde que não colocassem em xeque a Revolução e o regime. Na prática, o novo regime não permitia a existência de oposição civil organizada.

Em Pequim, o PCCh se deparou com problemas complexos, como, por exemplo, a relativa autonomia dos poderes locais. Em sua campanha inicial pela reforma agrária, o PCCh estabeleceu diretrizes para um processo gradual, entendendo que muitos latifundiários haviam ajudado os comunistas e atuado na expulsão dos japoneses. Contudo, em muitas localidades, o processo de reforma se radicalizou rapidamente, com comunistas locais ordenando prisões e até mesmo execuções de latifundiários. Assim, para fazer valer as diretrizes nacionais, o Partido lançou duas campanhas: a Campanha dos Três Anti (1951) e a Campanha dos Cinco Anti (1952). A primeira apresentava como foco o combate a três "inimigos" – corrupção, desperdício e burocracia – e se dirigia, em especial, a membros do aparato estatal acusados de favorecimento indevido e ligações com o Kuomintang. Com isso, aos poucos, toda a estrutura governamental foi sendo ocupada por membros do PCCh. A segunda campanha serviu para radicalizar o processo de transformação econômica. Sem falar em "desapropriação", ela defendia o confisco de empresas privadas consideradas suspeitas de envolvimento em práticas ilícitas (como suborno, roubo de propriedade estatal, roubo de informações estatais, roubo em contratos com o governo e evasão fiscal). Rapidamente, denúncias contra empresas privadas – a imensa maioria feita por empregados das fábricas e lojas da China – se avolumaram, chegando a centenas de milhares. Ao longo dos anos seguintes, as campanhas foram mantidas, dificultando a manutenção de uma classe capitalista dentro da China. Nesse cenário, muitas empresas estrangeiras, antes favorecidas pelo colonialismo e pela fragmentação política, saíram do país antes de terem seus negócios confiscados.

No plano externo, o novo governo temia que o regime fosse solapado por uma ação conjunta de americanos e do Kuomintang. A Guerra da Coreia fez com que o EPL entrasse no conflito do lado dos norte-coreanos. Apesar da paz obtida a partir de 1953, a República Popular da China continuou a temer uma escalada de violência regional, sobretudo em razão do aumento de bases americanas na Ásia. Ao mesmo tempo, as relações chinesas com a União Soviética continuavam instáveis. Em 1949, Stalin tinha pedido que os comunistas chineses tentassem compor um governo de unidade nacional com os nacionalistas. Mas os desejos de Moscou foram colocados em segundo plano quando a República Popular da China foi proclamada. Josef Stalin e Mao Tsé-tung não eram próximos, mas ambos temiam os avanços do Ocidente.

Após a morte do líder soviético, em 1953, os chineses desconfiaram de que pudessem continuar a ter o apoio da União Soviética. Os sucessores de Stalin começaram a fazer críticas ao passado stalinista e procuraram reduzir os atritos diretos com o Ocidente, apontando para uma *détente* na Guerra Fria, uma coexistência pacífica entre os dois blocos. Diante disso, a diplomacia chinesa procurou abrir outro caminho, capitaneado pelo *premier* Zhou Enlai, a partir da ideia de que os interesses chineses não eram os mesmos que os do "bloco socialista": havia uma "via chinesa" do socialismo, diferente do modelo soviético. Em 1955, a República Popular da China, procurando romper com o isolamento político, aproximou-se do movimento dos países não alinhados, na Conferência de Bandung. Para Mao Tsé-tung e os líderes do PCCh, o comunismo chinês devia buscar autossuficiência, diante do risco de agressão do Ocidente.

No plano interno, as campanhas de reforma agrária e o confisco de propriedades seguiam ritmos desordenados, influenciados em especial pelas particularidades regionais. Já uma campanha cívica para banir a prostituição e o consumo e o tráfico de ópio ganhou apoio massivo da população. As penas para a solicitação de prostituição aumentaram, afetando inclusive estrangeiros. O ópio preocupava os comunistas há décadas: o número de consumidores era alarmante; só na cidade de Xangai, em 1946, um relatório registrava a existência de 23 refinarias de ópio, com 30 mil pessoas empregadas. As ações do governo comunista a esse respeito envolveram ainda a destruição de plantações de papoula, de refinarias e, claro, de circuitos comerciais clandestinos em cidades grandes e médias. Uma autoritária política de confinamento de dependentes químicos também acabou reduzindo a demanda chinesa por ópio. Em menos de uma década, a imensa maioria da produção de drogas que havia na China se deslocou para a Birmânia e parte do Sudeste Asiático.

Mesmo com esses sucessos, o governo do PCCh não agradava a todos. Parte significativa da intelectualidade chinesa criticava as feições autoritárias do novo regime, em especial a vigência de censura e controles civis. Temendo que isso pudesse gerar impacto na opinião pública interna chinesa e até mesmo na imagem do novo regime no exterior, Zhou Enlai e Mao Tsé-tung lideraram uma campanha, em 1956, prometendo a liberdade de crítica, conhecida como Campanha das Cem Flores. O nome vinha de um poema clássico que dizia: "Que brotem cem flores, que cem escolas de pensamento lutem". A ideia era basicamente abrir os órgãos de imprensa para o debate público e para a crítica ao regime, visando com isso promover o socialismo chinês. Contudo, ao longo do ano de 1957, críticas ao Partido e sua burocracia foram se tornando mais intensas entre os meios intelectuais, em especial nas universidades chinesas. Aos poucos, iniciaram-se protestos universitários contra as bases políticas da República Popular. Isso tudo fez com que a Campanha das Cem Flores fosse interrompida diretamente pelo Comitê Central. Segundo sua avaliação, "a liberdade tinha ido longe demais".

Uma ala do PCCh, que incluía líderes como Deng Xiaoping e Peng Zhen, juntou-se a Mao Tsé-tung numa campanha que ficou conhecida como Campanha Antidireitista. Iniciada em julho de 1957, ela investigou as críticas feitas no período da Campanha das Cem Flores para identificar quais poderiam ser consideradas "direitistas", ou seja, favoráveis à restauração da ordem capitalista. Com base nisso, em pouco tempo, a perseguição política cresceu dramaticamente – cerca de 300 mil pessoas foram enquadradas como "direitistas" já nos primeiros meses e mandadas para campos de trabalhos forçados.

Enquanto isso, insurreições separatistas com o apoio da CIA agitavam o Tibete, deixando o Partido Comunista preocupado com uma possível perda de poder. Em resposta, acentuou a militarização da região e a perseguição política dos descontentes (que, inclusive, levaria ao exílio a principal liderança budista tibetana, Tenzin Gyatso, mais conhecido como o *Dalai-Lama*).

O receio de uma crise política também estava ancorado no decepcionante resultado do Primeiro Plano Quinquenal chinês. O padrão de vida da população não tinha sofrido alterações substantivas e a indústria de base estava praticamente estagnada. A reconstrução do país nas grandes cidades tinha tido relativo êxito, mas no campo a situação ainda era bastante preocupante. Durante o período de formulação do Segundo Plano Quinquenal, em janeiro de 1958, Mao Tsé-tung apresentou sua ideia de uma nova formulação econômica, conhecida como "Grande Salto para Frente", que envolvia industrializar o campo e tornar as cidades cada vez mais autossuficientes em alimento. No âmago dessa ideia estava o desejo de criar um intenso desenvolvimento industrial na China, de tal forma que, em 15 anos, o país ultrapassasse a Grã-Bretanha. Mao Tsé-tung e os principais líderes do Partido decidiram que, para o sucesso do plano, tinham de contar com uma enorme disponibilidade de mão de obra e uma mobilização política massiva; era preciso promover uma intensa transformação demográfica. Para garantir o êxito das colheitas, o governo deu início à Campanha das Quatro Pestes, que visava exterminar insetos, roedores e pardais. A partir dela, a população de pardais chinesas foi praticamente destruída, o que gerou uma série de desequilíbrios ambientais – dentre eles, uma queda acentuada na polinização de vários itens agrícolas. No entanto, em termos políticos, a campanha foi vista de forma exitosa, pois havia mobilizado intensamente a população civil.

As fases seguintes do Grande Salto começaram no início de 1958. A primeira grande mudança foi a criação de comunas populares em várias zonas rurais do país. A propriedade privada da terra foi eliminada, e todos os vilarejos e aldeias passaram a produzir coletivamente – uma produção que era tanto agrícola quanto industrial. No plano rural, a coletivização das terras almejava total autossuficiência e a ausência de qualquer mercado local, ampliando a produção e a distribuição de alimentos. Para garantir a autossuficiência da indústria, as comunas rurais deveriam aumentar o fornecimento de ferro e demais metais que pudessem ser derretidos e transformados em lingotes a serem enviados diretamente às cidades. O investimento estatal dirigido era imenso, colocando todos os trabalhadores rurais como parte direta da ação do Estado chinês, sem que eles fossem devidamente remunerados por seu trabalho.

Aos poucos, as comunas se viram militarizadas e o Partido passou a criar cargos políticos para pessoas encarregadas de coordenar os esforços em cada local. Com isso, as realidades locais e os ditames centrais novamente entraram em confronto. Para Pequim, as metas deveriam ser estabelecidas conforme as possibilidades locais, mas era primordial que alcançassem os resultados previstos pelo governo até 1963. Entre as autoridades locais, a desconfiança com relação aos camponeses e até mesmo com relação aos líderes do Partido que definiam as diretrizes a partir de Pequim fez com que centenas de administradores locais maquiassem números e resultados enquanto a produção não aumentava significativamente, para evitar suspeitas sobre seu trabalho e sua lealdade ao Partido. Em alguns casos, para cumprir as metas ou exagerar as conquistas, os comissários locais exigiam que os membros da comuna derretessem os seus próprios objetos de metal para satisfazer as expectativas do governo em Pequim. O clima de desconfiança política criado pela Campanha Antidireitista fazia com que muitos desses comissários locais aumentassem a sobrecarga de trabalho nas comunas, demandando resultados praticamente inalcançáveis. Não se tratava, portanto, apenas da maquiagem dos números que chegavam até Pequim, mas também do uso de coerção e violência para aumentar a produtividade. Em alguns casos, dispostos a "livrar o campo do feudalismo", os que falavam pelo Partido passaram a proibir diversos costumes tradicionais, militarizando os camponeses, submetendo-os a regras do Exército Popular de Libertação. Em outros, justificados pelo fervor político, valiam-se de prisões, execuções e até mesmo torturas como formas de obter maior empenho por parte dos camponeses.

Os resultados iniciais do Grande Salto, ainda que não tivessem chegado perto do desejado pelas lideranças centrais, foram bastante celebrados. Afinal de contas, as exportações de grãos seguiam aumentando.

Em julho de 1959, na Conferência de Lushan, o Comitê Central enfrentou sua primeira divisão. Ainda que a posição de Mao Tsé-tung como líder fosse considerada incontesta, vozes dissidentes entre as lideranças do PCCh começaram a colocar em dúvida a possibilidade de sucesso da "via chinesa" de desenvolvimento que Mao defendia. Uma dessas vozes era a do ministro da Defesa Peng Dehuai, que fez críticas à campanha do Grande Salto. Peng acabou sendo afastado do Partido, bem como seus apoiadores. Mas o impacto da dissidência explícita causou danos à figura de Mao Tsé-tung; muitos começaram a acreditar que ele não era infalível.

Nesse cenário, Mao passou a acompanhar com apreensão os resultados do Grande Salto. Em 1960, chegaram a Pequim as primeiras notícias de fomes catastróficas atingindo zonas rurais na China. Em um primeiro momento, as notícias eram de que a região do vale do Rio Amarelo tinha sido castigada por uma série de chuvas e inundações responsáveis por destruir a parca infraestrutura existente, o que afetou profundamente a agricultura local. Rapidamente, contudo, os relatos se avolumaram, evidenciando os problemas de outras partes do país e colocando em xeque a ideia de que as fomes eram apenas consequência de uma questão ambiental e não da desastrosa condução da economia ligada ao projeto do Grande Salto. As cifras impressionavam – em algumas partes do país, como em Fuyang, no norte, acreditava-se que mais de 2 milhões de pessoas tinham morrido de fome e doenças relacionadas. Até hoje, todavia, esses números referentes à fome são motivo de disputa entre os acadêmicos – embora fontes do próprio Partido Comunista atestem que 30 milhões de pessoas tenham morrido entre 1959 e 1962.

Num primeiro momento, a propaganda oficial de Pequim procurou esconder o fracasso de sua política econômica – inclusive com ordens para que os comissariados locais não deixassem os médicos declararem a fome como *causa mortis* nas comunas. Mas conforme mais e mais informações iam chegando ao conhecimento dos membros do Comitê Central, a situação política foi ficando insustentável. No final de 1961, o Partido finalmente mudou sua orientação, conteve as exportações de grãos e procurou acudir a população nas regiões com maiores registros de fome, num esforço liderado por Liu Shaoqi, então presidente da República Popular da China. Em suas palavras, o desastre do Grande Salto poderia ser explicado da seguinte forma: "30% culpa dos desastres naturais e 70% falha humana". Essas palavras ressoariam na Conferência dos 7 Mil Quadros, a maior conferência do PCCh até então, realizada em janeiro de 1962. Nela, os erros do Grande Salto foram listados categoricamente, com duras críticas às "políticas econômicas radicais" do Segundo Plano Quinquenal. Liu Shaoqi acabou se unindo ao secretário-geral do PCCh, Deng Xiaoping, e Mao Tsé-tung foi afastado das atividades diretas do partido. Praticamente sendo aposentado pelas lideranças do Politburo (o Comitê Executivo do Partido), Mao Tsé-tung foi relegado ao mero papel de figura simbólica dos tempos revolucionários.

A REVOLUÇÃO CULTURAL E O RETORNO DE MAO TSÉ-TUNG

Mao Tsé-tung resolveu reagir para retomar sua posição de liderança. Enquanto Liu Shaoqi e Deng Xiaoping cresciam em popularidade por conta das transformações econômicas propostas, que aboliram o Grande Salto, Mao procurou atuar em outra frente. De olho no potencial dos jovens e aproximando-se do principal comandante das Forças Armadas, Lin Biao, ele deu início a uma campanha chamada Movimento pela Educação Socialista. Essa campanha não foi oficialmente endossada pelo Partido, o que dificultou seu sucesso, especialmente no campo. Lin Biao resolveu então empreender a campanha proposta por Mao Tsé-tung nos quadros do Exército Popular de Libertação, com foco nos jovens cadetes do Exército. Em 1963, ele começou a promover o pensamento maoista por meio da divulgação de um pequeno compêndio conhecido como *O livro vermelho do camarada Mao*, que continha uma série de frases e citações do líder emérito da Revolução Chinesa. Os comandantes das Forças Armadas que não aderiram ao pensamento maoista foram então denunciados e expurgados do Exército. Aos poucos, Mao reconquistou sua hegemonia política dentro do EPL, que passaria a lançar duas propostas distintas, mas relacionadas: campanhas cívicas para que os jovens em geral aprendessem "com o exemplo do exército revolucionário" e, ao mesmo tempo, a denúncia de "burocratas" e "traidores capitalistas" que, segundo seus critérios, atuavam dentro do PCCh (que acabou incluindo diversos membros do Politburo, até mesmo Liu Shaoqi e Deng Xiaoping).

Na imprensa oficial, a disputa entre maoistas e demais membros do Politburo acentuou-se. Em 1966, Mao defendeu abertamente a necessidade de uma Revolução Cultural no país, "para que os chineses superassem o burocratismo soviético, o feudalismo chinês e a demagogia capitalista". Um dos seus maiores obstáculos era um dos líderes do Partido, Peng Zhen, que, ainda que concordasse com Mao sobre a necessidade da Revolução Cultural, criticava o uso de artistas e intelectuais pelo aparato do Estado, defendendo a liberdade de expressão. Quando Peng Zhen foi afastado, Mao Tsé-tung pôde se dirigir finalmente contra o presidente Liu Shaoqi e o secretário-geral, Deng Xiaoping. Em 16 de maio de 1966, numa sessão extraordinária do Politburo, a denúncia contra essas lideranças do Partido foi feita a partir de uma nota escrita pelo próprio Mao Tsé-tung e seus apoiadores. De acordo com esse texto, havia infiltrados dentro da cúpula do Partido. Eles deveriam ser expostos usando como base as ideias do "camarada Mao", as verdadeiras definições da índole revolucionária e da ideologia norteadora do PCCh.

Pôster de 1966 confeccionado pelo Grupo de Propaganda da Editora Popular de Belas-Artes de Xangai para divulgar a Revolução Cultural e glorificar seu líder, com os dizeres: "A luz do sol do pensamento de Mao Tsé-tung ilumina o caminho da Grande Revolução Cultural Proletária". [BG E13/644 (chineseposters.net, Landsberger collection)]

Em pouco tempo, o denuncismo chegou também às universidades, com acusações feitas a professores e membros da burocracia que seriam considerados "traidores" por não seguirem à risca o pensamento de Mao. Acusações desse tipo levaram ao desligamento de vários intelectuais, bem como a atos de humilhação pública, julgamentos populares e até mesmo linchamentos.

Estudantes maoistas mais radicais passaram a se organizar de forma militarizada nas chamadas Guardas Vermelhas. Suas forças eram descentralizadas e atuavam, nos seus dizeres, como "representantes de Mao", ultrapassando em pouco tempo as portas das universidades. Os guardas vermelhos passaram então a "fiscalizar as ruas" e invadir casas e estabelecimentos, exigindo, em grandes manifestações públicas, "correções" de formas de pensar, práticas e atos que consideravam "antirrevolucionários".

Ao mesmo tempo, as Forças Armadas, como demonstração de poder, organizavam desfiles, louvando a figura de Mao Tsé-tung. Parte da imprensa também passou a defendê-lo, apresentando-o como a "reserva moral" do país perante os "burocratas" do PCCh.

As ações estudantis extremistas, combinadas com a pressão do Exército e da imprensa, preocupavam a cúpula do Politburo. Em julho de 1966, após uma série de aparições públicas, Mao Tsé-tung desafiou abertamente o poder do presidente Liu Shaoqi, denunciando a cúpula do Partido por tentar conter o movimento revolucionário dos jovens.

A partir daí, Mao passou a orientar as Guardas Vermelhas a atacar os próprios Comitês do Partido. A justificativa era simples: a cúpula do PCCh havia se burocratizado e se afastado dos ideais revolucionários, então, agora era a vez de os jovens fazerem sua revolução e corrigir os rumos do Partido. A cúpula do Politburo, temendo a fúria das Guardas Vermelhas, elevou novamente Mao Tsé-tung e, com ele, Lin Biao, e rebaixou Liu Shaoqi e Deng Xiaoping.

O órgão central do PCCh passou a endossar a Revolução Cultural e o pensamento maoista como "a forma principal de retificação dos inimigos da Revolução". Em agosto de 1966, Mao conferiu às Guardas Vermelhas poderes extraoficiais de polícia política, com permissão de atacar "elementos contrarrevolucionários na sociedade chinesa". Com isso, esse corpo de voluntários tornou-se o corpo militarizado da Revolução Cultural.

Finalmente, em outubro de 1966, Mao e seus seguidores conseguiram estabelecer as bases para as prisões de Liu Shaoqi e de Deng Xiaoping. O primeiro acabou morrendo em prisão domiciliar no ano de 1969. O segundo foi enviado a um "campo de reeducação", um tipo de colônia penal onde as pessoas eram submetidas a um rigoroso regime de trabalho e a uma intensa doutrinação política a favor de Mao.

Do ponto de vista da política externa, a Revolução Cultural lançou a China em um profundo isolacionismo político. A URSS considerou-a uma deterioração da disciplina e da estrutura partidária, e afastou-se ainda mais dos chineses. Mesmo países próximos, como a Coreia do Norte ou o Vietnã do Norte, procuraram se afastar do "modelo de Revolução Cultural", pois temiam que uma sublevação contra as estruturas partidárias de seus países acabasse favorecendo o imperialismo estadunidense. No mundo ocidental, havia um enorme desconhecimento da luta política interna chinesa; ainda que muitos intelectuais e partidos de esquerda no século XX se inspirassem nas ideias de "Revolução Cultural" e nos aforismos do "camarada Mao", havia pouco contato efetivo com a China na época e pouco se sabia sobre as transformações em curso no país.

Em razão da Revolução Cultural, todas as religiões e filosofias ancestrais chinesas, como o confucionismo, o taoismo e o budismo, passaram a ser vistas como "superstição". A literatura e a arte dos períodos antigos, bem como aquelas produzidas no Ocidente, passaram a ser rotuladas de "decadentes". Tudo o que poderia simbolizar o costume e a tradição chinesa, somado à modernidade ocidental, era passível de destruição. Um dos lemas mais caros às Guardas Vermelhas nesse momento era: "Destruam o velho mundo e construam um novo". A aplicação literal desse lema levou à destruição de palácios, relíquias, museus e bibliotecas em toda a China.

Pôster de 1967 que retrata a Revolução Cultural Chinesa, com um soldado da Guarda Vermelha atacando a marretadas símbolos da "decadente" cultura ocidental (como um crucifixo e um disco de vinil), da cultura tradicional chinesa (como uma estátua de Confúcio) e do "feudalismo chinês".
["Destrua o velho mundo, construa um novo mundo".
BG D29/184 (chineseposters.net, IISH collection)]

A REVOLUÇÃO CULTURAL E A SEXUALIDADE

A Revolução Cultural mexeu com o imaginário ocidental sobre a China no século XX. Para muitos, a ação das Guardas Vermelhas reproduzia o pior do autoritarismo, com todos usando o mesmo tipo de vestimenta e repetindo as palavras de Mao Tsé-tung como se fossem verdades absolutas.

Em algumas obras ocidentais, a Revolução Cultural chegou a receber explicações psicologizantes, que entenderam a mobilização em massa como válvula de escape para uma juventude sexualmente reprimida. A comparação com o Ocidente parecia evidente. Os anos 1960 foram vistos como uma época de experimentação sexual entre os jovens combinada com importantes avanços na luta por direito das mulheres na chamada Segunda Onda do feminismo. Os recatados e até mesmo andrógenos uniformes maoistas das Guardas Vermelhas contrastavam diretamente com essa imagem. No Ocidente, o "amor livre" era uma bandeira. Na China, a bandeira era negar "tudo que vinha do Ocidente".

Estudos mais recentes – inclusive de historiadores chineses, como Mobo Gao – apontam que a imagem da Revolução Cultural ligada à repressão sexual precisa ser matizada. Com relação a episódios como a Comuna de Xangai, inúmeros participantes daquela tentativa radical de coletivização relataram a possibilidade de novas experiências sexuais, bem como de um significativo protagonismo feminino em assembleias e comunas.

Ao mesmo tempo, não se pode esquecer que muitas campanhas empreendidas pelas Guardas Vermelhas eram claramente homofóbicas, denunciando a homossexualidade como uma "prática decadente vinda do Ocidente". Havia muito puritanismo também nas denúncias feitas contra a "moralidade burguesa", que "prostituía pessoas" e comercializava pornografia.

Novas interpretações afirmam que dois aspectos coexistiram durante a Revolução Cultural. Por um lado, a repressão sexual se acentuou na mistura de discurso revolucionário com moralismo. Por outro, o protagonismo da juventude em muitos eventos ligados aos primeiros anos de atuação das Guardas Vermelhas, longe do olhar repressor de pais e pessoas mais velhas, permitiu histórias de experiências sexuais as mais diversas.

Um movimento tão complexo como a Revolução Cultural não permite explicações simplistas. Também por isso, ela merece continuar sendo estudada.

Com a vitória assegurada na cúpula do Partido, Mao Tsé-tung ainda dependia da força conferida pelas Guardas Vermelhas. Mas suas ações tinham mergulhado o país em um estado de anarquia, e Lin Biao temeu que os militares pudessem se sublevar diante de tal situação. Mao e seus seguidores mais próximos, conhecidos como a Gangue dos Quatro, passaram a defender que o EPL se submetesse também às Guardas Vermelhas, numa queda de braço que levou ao expurgo de inúmeros oficiais. O prestígio de Lin Biao ainda manteve por algum tempo o Exército fiel a Mao Tsé-tung, porém, em 1968 era nítida e forte a pressão para que se restabelecesse a supremacia do Exército.

O fato é que as Guardas Vermelhas haviam subvertido boa parte da ordem política da China. A Revolução Cultural revelou-se um movimento imprevisível e até mesmo instável – por vezes, membros da própria cúpula do Partido próximos de Mao Tsé-tung não conseguiam controlar os seus rumos. Por exemplo, na cidade de Xangai, em janeiro de 1967, um grupo maoista autodenominado "Quartel General dos Trabalhadores" tomou o poder na cidade, expulsou os membros do PCCh da Assembleia Municipal e decidiu estabelecer uma comuna nos moldes da antiga Comuna de Paris, com a gestão dos serviços e da defesa colocada nas mãos dos próprios trabalhadores locais. A Comuna de Xangai teve curtíssima duração, mas foi de extrema importância no contexto da época. Mao Tsé-tung foi obrigado a conferir a ela a importância de um comitê revolucionário, institucionalizando-a perante o Partido. Os membros da Comuna se dividiram entre aqueles que se sentiam honrados pelo reconhecimento de Mao e aqueles que se recusavam a fazer parte do PCCh. Em pouco tempo, a Comuna de Xangai deixou de existir e o Partido retomou o controle da cidade.

As Guardas Vermelhas começaram a se dividir em grupos que disputavam entre si para mostrar qual era o mais fidedigno seguidor das ideias maoistas, e com isso aumentar seu poder. Em alguns casos, essas disputas se tornavam violentas, o que exigia cada vez mais intervenção do Partido para conter os distúrbios decorrentes dessas brigas internas.

Mao e os demais membros da cúpula começaram a ver que o *momentum* revolucionário estava perdendo fôlego, já que os conflitos armados entre membros da Guarda Vermelha por vezes acabavam minando a confiança da população no próprio Partido. Em julho de 1968, num encontro nacional com as Guardas Vermelhas, Mao pediu a suspensão das hostilidades e, por pressão de Lin Biao, restaurou a autoridade do EPL sobre as milícias estudantis.

O Comitê Central, oficialmente suspenso entre 1966 e 1968, pôde retomar seus trabalhos. Lin Biao ganhou ainda mais protagonismo político ao militarizar os quadros das Guardas Vermelhas e colocar oficiais dentro das estruturas administrativas do Estado, como Assembleias Municipais e o próprio Congresso chinês. Conforme o poder dos militares crescia, alguns maoistas passaram a temer novas lutas internas que enfraquecessem a primazia de Mao Tsé-tung. Jiang Qing, esposa de Mao e membro da Gangue dos Quatro, começou a criticar a proeminência política do EPL. Ao mesmo tempo, membros da cúpula do Partido, que temiam que a Revolução Cultural entrasse em uma nova fase de radicalização, passaram a apoiar direta e abertamente Lin Biao.

Em 1970, no Nono Congresso do PCCh em Lushan, os defensores de Lin Biao confrontaram, pela primeira vez, abertamente Mao Tsé-tung e seus partidários. Uma dessas vozes proeminentes foi a do intelectual Chen Boda, que ajudara Lin Biao a editar *O livro vermelho do camarada Mao*. Boda criticou duramente os descaminhos da Revolução Cultural e defendeu a necessidade de uma correção de rumos encabeçada pelo Politburo restaurado, tendo Lin Biao como segundo nome em comando. Os partidários de Mao, temendo que a popularidade dos militares acabasse solapando a do próprio líder revolucionário, opuseram-se a Boda e passaram a fazer críticas ao próprio Lin Biao. Pressionado, o general e herói de guerra saiu da política e, em 1971, acabou morrendo em um suspeito acidente aéreo, quando supostamente tentava fugir do país, buscando asilo na URSS. A sua morte consagrou a figura de Mao Tsé-tung como único líder da República Popular da China.

NOVAS LUTAS E VELHOS PERSONAGENS

Quando da morte de Lin Biao, Mao tinha 77 anos. Ainda que forte e firme no poder, sua figura política vivia um considerável isolamento. Nessa época, a Revolução Cultural estava praticamente extinta (com um saldo de mais de 500 mil mortes decorrentes das perseguições políticas), as Guardas Vermelhas tinham sido desmobilizadas e parte da "velha guarda" do PCCh, que ainda estava atuante, receava as consequências da hegemonia maoista.

Por outro lado, a Gangue dos Quatro estava cada vez mais poderosa, com Jiang Qing e seus aliados: Zhang Chunqiao, Yao Wenyuan e Wang Hongwen, que havia sido promovido a vice-presidente do PCCh, segundo em comando após Mao Tsé-tung.

Em 1972, o ministro americano Henry Kissinger procurou reaproximar os Estados Unidos da China, atuando junto ao *premier* Zhou Enlai e ao próprio Mao Tsé-tung, com a chamada "diplomacia pingue-pongue" (nome dado em razão de as primeiras missões diplomáticas terem envolvido jogos amistosos de tênis de mesa). Isso assegurou à China não apenas relativa tranquilidade com relação às pretensões americanas na Ásia (reveladas na longa Guerra do Vietnã), mas também o reconhecimento da República Popular da China como potência estratégica, com direito a assento permanente no Conselho de Segurança da ONU. A nova política externa chinesa foi justificada internamente pelo *premier* Zhou Enlai com a ideia de que a "via chinesa do comunismo" apontava para interesses distintos da "via soviética" e que, portanto, não havia necessidade de a China alinhar-se ao bloco liderado pela URSS na Guerra Fria.

Nessa época, a economia chinesa ainda tentava se firmar. As perseguições da Revolução Cultural tinham feito a mão de obra especializada entrar em declínio, em especial com o fechamento das universidades. A tentativa de retomar a estabilidade política exigia a retomada da estabilidade econômica. E o Comitê Central passou, em resposta, a incentivar a modernização do país. Ao mesmo tempo, o governo procurou meios para reduzir a pressão do custo de vida na população urbana. Isso significava diminuir o peso dos investimentos no complexo militar chinês e procurar fortalecer as indústrias de bens de consumo, praticamente paralisadas após a Revolução Cultural.

Zhou Enlai buscou acordos de cooperação internacional que favorecessem a indústria chinesa. Por questões de saúde, foi forçado a se afastar e indicou um sucessor considerado capaz de fazer avançar a economia chinesa: Deng Xiaoping, o ex-secretário-geral do PCCh que a Revolução Cultural havia obrigado a trabalhar como operário em uma fábrica de motores. Mao Tsé-tung ainda se lembrava de Deng Xiaoping como o político que, junto a Liu Shaoqi, tinha procurado solapar sua autoridade. Foi somente em 1974 que Mao aceitou reabilitar Deng Xiaoping, incumbindo-o de liderar um Escritório de Pesquisa Política, cuja principal missão seria estudar possíveis reformas políticas e econômicas para a China.

Contudo, a Gangue dos Quatro não estava disposta a conceder espaço para Xiaoping. Jiang Qing passou a usar a imprensa oficial do Partido para criticar intelectuais "direitistas" – referindo-se ao próprio Deng Xiaoping. A queda de braço entre Deng Xiaoping e Jiang Qing foi vencida pela Gangue dos Quatro. Após a morte de Zhou Enlai, em janeiro de 1976, Deng Xiaoping foi novamente denunciado e afastado do Partido.

Mao Tsé-tung escolheu então outro veterano do PCCh, Hua Guofeng, que até 1973 nunca tinha ocupado cargos centrais dentro do

Partido, nomeando-o vice-presidente do Partido Comunista Chinês. E Hua Guofeng entendeu que, naquele momento, era mais prudente não se indispor com a Gangue dos Quatro.

Em 9 de setembro de 1976, Mao Tsé-tung morreu aos 82 anos de idade. Com a morte de Mao, faziam parte do Comitê Central do Partido apenas Hua Guofeng, Wang Hongwen e Zhang Chunqiao (os dois últimos, membros da Gangue dos Quatro).

Nas primeiras semanas após a morte de Mao, a China ficou praticamente paralisada por conta do luto oficial, mas Hua Guofeng, agora elevado a primeiro-ministro, aproveitou o momento para denunciar os desmandos da Gangue dos Quatro na mídia oficial. Jiang Qing se levantou contra Hua Guofeng, exigindo sua retirada do cargo para que ela própria fosse alçada ao posto mais alto do Comitê Central, em homenagem à memória de seu marido, Mao Tsé-tung. Em 6 de outubro de 1976, Hua Guofeng deu ordem para que os membros da Gangue fossem presos sob a acusação de desenvolverem atividades contrárias ao Partido e ao Estado.

Hua Guofeng não estava sozinho. Contava com o apoio de setores moderados que exigiram o afastamento dos maoistas mais radicais e confirmaram a sua posição de primeiro-ministro no cargo. O novo *premier* chinês decidiu então reabilitar Deng Xiaoping, convidando-o não só para ingressar no Politburo, mas para retomar seu lugar como vice-presidente do Comitê Central do PCCh. Deng Xiaoping entendeu que a disputa política se tornara bastante palaciana, e atuou no sentido de isolar radicais e buscar acordos com diferentes facções do PCCh e dos demais partidos. Além disso, Deng Xiaoping conseguiu a reabilitação de outros antigos líderes do Partido atingidos pela Revolução Cultural. Em 1978, com apoio significativo de diversas lideranças políticas, ele se viu forte o suficiente para avançar contra Hua Guofeng, acusando-o de radical demais na sua devoção ao maoismo.

Deng Xiaoping, contudo, não abriu espaço para uma crítica geral dos legados de Mao Tsé-tung. Argumentou que houve fases ruins e fases boas, valorizou a atuação do líder na Revolução Chinesa, mas criticou os excessos do Grande Salto para Frente e da Revolução Cultural, da qual ele mesmo havia sido vítima. Três milhões de pessoas foram reabilitadas em processos judiciais que duraram de 1979 a 1981, quando o próprio PCCh passou a definir a Revolução Cultural como "a mais grave crise do socialismo desde 1949".

Na política externa, a China, então rompida com a União Soviética, passou a tomar posições próximas dos interesses dos Estados Unidos, como, por exemplo, um ataque unilateral ao Vietnã em 1979. Além disso, apoiou sem ressalvas o grupo Khmer Vermelho, no Camboja (responsável por um dos maiores genocídios do Sudeste Asiático). A aproximação com o bloco capitalista garantiu a Deng, em 1984, um acordo cooperativo entre China e Inglaterra que prometia a devolução da ilha de Hong Kong para a República Popular da China, após mais de 140 anos de possessão colonial.

Deng Xiaoping governou a China de 1978 a 1989, mantendo posições de destaque dentro do Partido até 1992. Isso foi possível, em parte, porque as alas mais radicais estavam agora debilitadas e Deng pôde apostar suas fichas no sucesso de seus planos de reforma econômica. Junto a Zhao Ziyang e Hu Yaobang, ele formou uma espécie de triunvirato reformista, voltado para a modernização da economia chinesa.

Sua primeira ação reformista ocorreu no campo, quando Deng Xiaoping e seus apoiadores deram fim à coletivização de terras agrícolas. As terras comunais foram transformadas em terras de uso privado – a concessão era feita pelo próprio Partido, impedindo com isso a livre compra e venda da terra. O novo modelo teve um resultado impressionante: em menos de 10 anos, a produção agrícola chinesa aumentou em 25%. Os camponeses recebiam incentivos para a venda de produtos para o governo, o que acabou estimulando ainda mais a produtividade rural.

Residia na indústria o maior desafio da política de modernização. Os membros do Politburo reconheciam que o atraso industrial chinês tinha deixado o país para trás não só do Ocidente, mas também de outros países asiáticos, como Japão e os demais Tigres. Era preciso, portanto, estimular o desenvolvimento tecnológico e modernizar o parque industrial. Nesse sentido, uma série de políticas de desenvolvimento foi colocada em prática, permitindo que empresas privadas pudessem voltar a operar, estipulando mecanismos para a flexibilização de preços e reduzindo os encargos tributários em áreas consideradas estratégicas para a economia chinesa.

Mas a maior transformação veio com a criação das Zonas Econômicas Especiais (ZEEs). Em acordo com os Estados Unidos e outros países europeus, Deng Xiaoping abriu zonas econômicas dentro de cidades litorâneas que seriam relativamente livres de regulação burocrática, permitindo, assim, a instalação de empresas estrangeiras na República Popular da China. Limitadas a áreas específicas, elas poderiam se beneficiar de recursos chineses e mão de obra em abundância, além de receberem alívios fiscais e tributários com os quais dificilmente outros países do mundo poderiam arcar. Empresas como Nike, Adidas, Chevron, Shell, Honda, Volkswagen, entre outras, começaram a se instalar nas ZEEs já em 1979, dando vida a verdadeiros parques industriais urbanos "da noite para o dia".

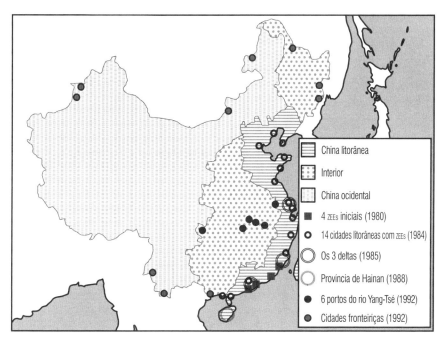

Mapa das Zonas Econômicas Especiais chinesas em 2009. Base da "nova economia chinesa", as ZEEs se tornaram parte da política oficial da República Popular da China em 1979, sendo oficializadas em 1980. Foram as principais responsáveis pelo avassalador crescimento econômico do país, mobilizando imensas quantias de capital em cidades estratégicas.

Em 1984, a produção industrial chinesa nas ZEEs já se mostrava extremamente avançada. Os salários, inicialmente baixos, ganharam acréscimos conforme a produtividade. O PIB chinês passou a ser calculado de acordo com metas estabelecidas a partir de Pequim. A flexibilização da economia chinesa empolgou o capital internacional, que passou a investir cada vez mais no país. Para muitos analistas, a economia chinesa estava entrando numa onda cada vez mais liberal e, em pouco tempo, se tornaria efetivamente capitalista.

A linha dura do Partido, contudo, via as novidades econômicas com desconfiança. Se a industrialização era exitosa e a economia ia bem, os relatos de exploração dos trabalhadores eram cada vez mais vocalizados nas instâncias mais altas do PCCh. Além disso, a existência de relações capitalistas dentro de um país socialista era vista como uma incoerência – opinião que o próprio Deng Xiaoping rebatia com a sua máxima: "Não importa se o gato é branco ou preto, o que importa é que ele cace ratos". Para os reformistas, os ratos estavam sendo caçados.

As fábricas ultratecnológicas vindas do Ocidente permitiam que jovens alunos das universidades chinesas estudassem os processos produtivos e o maquinário que agora chegava à China. Em alguns contratos, as empresas inclusive concediam direitos de propriedade intelectual para concessionárias chinesas, conquanto elas não vendessem o conhecimento para o exterior – o que estaria na raiz das disputas por direitos autorais de grandes conglomerados na China nas décadas seguintes. O sucesso foi enorme. Inicialmente, haviam sido criadas 4 ZEEs. Em 1985, já havia 18, espalhadas pelo litoral do país.

O espantoso crescimento econômico em tão curto tempo começou a reverberar na vida dos cidadãos chineses. Os salários subiram nos centros urbanos, mas seguiam estagnados no campo. Aos poucos, a discrepância se refletiu no custo de vida, com as mercadorias nas áreas urbanas passando a custar cada vez mais – atingindo, em especial, os jovens estudantes que saíam da zona rural para estudar nas grandes cidades do país. O preço de matérias-primas como o aço tinha aumentado o valor da construção civil, tornando a moradia ainda mais cara. Aos poucos, verificou-se uma crescente inflação nas cidades, afetando principalmente os mais jovens que ainda não estavam colocados no mercado de trabalho.

Em 1986, as principais universidades chinesas viram ressurgir movimentos estudantis autonomistas. Suas críticas variavam desde denúncias da alta do custo de vida até a velocidade discrepante das reformas econômicas com relação às reformas políticas defendidas por Zhao Ziyang. As posições políticas foram se tornando mais plurais: havia alas maoistas que denunciavam que os burocratas do Partido estavam capitulando para o capitalismo, mas havia também liberais que criticavam o autoritarismo político do regime. É nesse momento que Zhao Ziyang se promove como "campeão das reformas políticas", passando a defender bandeiras como liberdade de expressão e de imprensa em seu programa de reformas. Ao mesmo tempo, porém, Hu Yaobang, defensor da liberdade de manifestação dos estudantes, era afastado do Partido.

Em 1988, a inflação atingiu níveis críticos e o Comitê Central teve que intervir no mercado de preços de várias cidades chinesas. Os protestos e as greves aumentaram, preocupando não só o Partido, mas também as grandes empresas, que temiam uma retomada do maoismo. Mas as manifestações só assustaram, de fato, no ano seguinte, durante o funeral de Hu Yaobang. Ex-secretário-geral do PCCh, Yaobang era conhecido entre seus detratores pela leniência com os protestos estudantis. Sua morte gerou comoção entre o movimento estudantil em Pequim. Durante o funeral, os estudantes passaram a se concentrar na Praça da Paz Celestial (*Tiananmen*). Cerca de 100 mil pessoas foram até a Praça no dia 22 de abril, quando diversos discursos foram proferidos a favor de reformas democráticas e contra o "liberalismo burguês". A mobilização foi tão intensa que, dos encontros da Praça, originou-se a Federação Autônoma Estudantil de Pequim. Em pouco tempo, outras federações autônomas foram surgindo em grandes cidades universitárias da China.

Dentro do PCCh, uma queda de braço estava ocorrendo. De um lado, Zhao Ziyang passou a defender o diálogo com os estudantes, prometendo publicamente acelerar as reformas políticas no país. Do outro, o primeiro-ministro Li Peng exigia uma resposta militar às manifestações, com lei marcial e prisão dos líderes por atentarem contra o Partido. Enquanto isso, Deng Xiaoping, afastado das questões mais cotidianas do PCCh, atuava nos bastidores dando conselhos para ambos os lados.

A escalada dos protestos passou a preocupar o Comitê Central, em especial após a criação de uma Federação Autônoma de Trabalhadores de Pequim, com os trabalhadores organizados para além dos sindicatos oficiais, que inseria demandas trabalhistas em meio aos protestos por reformas políticas. A cobertura midiática da imprensa ocidental interessou-se pelo que ocorria na China e passou a ser enfática em seu apoio aos defensores da democracia liberal. A essa altura, o próprio Zhao Ziyang passou a se distanciar das lideranças comunistas.

Em maio, por ordens de Li Peng, a cidade de Pequim foi colocada sob lei marcial. Entre maio e junho, a intensa repressão aos protestos levou a uma série de prisões. O Estado procurava reprimir especialmente 21 líderes do movimento estudantil acusados de insuflar os manifestantes contra o PCCh, que receberam ajuda dos Estados Unidos e do Reino Unido para fugir. No dia 4 de junho de 1989, uma das principais ações de repressão ocorreu na Praça da Paz Celestial, quando tanques do EPL foram usados para dispersar a multidão, no evento que ficou conhecido como Massacre da Praça da Paz Celestial. Até hoje não se sabe ao certo a quantidade de mortos decorrentes dos conflitos entre manifestantes e Exército nessa ocasião. Segundo o PCCh, mais de 300 pessoas morreram, mas esse número é contestado por pessoas pró-estudantes que afirmam ser muito maior.

As ações repressivas diminuíram o ímpeto das reformas. Deng Xiaoping se viu obrigado a vir a público reafirmar o compromisso da China com o comunismo, iniciando uma nova campanha de expurgos entre as lideranças partidárias – a começar com o próprio Zhao Ziyang, que foi afastado para que o veterano Jiang Zemin assumisse o poder.

A CHINA NO SÉCULO XXI

As reformas econômicas de Deng Xiaoping, ainda que momentaneamente interrompidas, não foram completamente abandonas. Em 1992, o líder histórico retomou a agenda econômica, dando ênfase em especial às ZEEs do sul da China. Anos depois, Deng Xiaoping se aposentou oficialmente do partido e, em 1997, faleceu.

Nesse meio-tempo, o Partido conseguiu encontrar um equilíbrio entre a defesa das reformas econômicas e o reforço da estrutura centralizada do governo. A economia se estabilizou no início da década de 1990. Na transição para os anos 2000, os salários se valorizaram enquanto a inflação diminuía significativamente. A ilha de Hong Kong voltou a fazer parte da China, numa política que ficou conhecida como "Uma Nação, Dois Sistemas"; estruturas representativas de Hong Kong se mantiveram atuando com certa autonomia. Em termos econômicos, de fato, o Partido pôde atestar o seu sucesso ao alçar a China ao posto de maior economia industrial e a segunda maior economia do mundo na virada do milênio.

O governo de Jiang Zemin deu início também a uma série de reformas que visavam corrigir a desigualdade cada vez mais acentuada na sociedade chinesa. Ao longo da década de 1990, seu governo criou uma série de medidas tributárias que tinham como finalidade usar o crescimento econômico das ZEEs para estimular a economia de províncias que não tinham zonas especiais.

Havia, contudo, um eco das manifestações de 1989 que ainda assombrava a alta cúpula do Partido. Acusações de corrupção também eram cada vez mais frequentes e, por vezes, ganhavam até mesmo espaço na imprensa oficial do país. Os casos envolviam de grandes empresários a membros proeminentes do Partido. Durante o governo de Jiang Zemin, algumas acusações foram tratadas com extrema seriedade e até mesmo a pena capital foi aplicada, como demonstrativo da intolerância do PCCh para com a corrupção dos agentes públicos. Mesmo assim, a suspeita de que os líderes da cúpula estavam enriquecendo de forma ilícita continuou a mobilizar protestos políticos nas grandes cidades, retomando *slogans* da era maoista, como a denúncia do "burocratismo" e dos males do liberalismo burguês.

Isso, contudo, não diminuiu o incentivo governamental às ZEEs, que seguiram se expandindo. Em 2010, durante o governo de Hu Jintao, foi inaugurada a Zona de Kashgar, em Xinjiang – que não só se afastava da concentração litorânea, mas marcava uma nova fase de desenvolvimento com ZEEs passando a ser criadas em regiões mais interiorizadas do país.

Nos anos 2000, a China expandiu seu comércio externo de forma assombrosa, estendendo operações de empresas chinesas (estatais e privadas) a todos os continentes, dando maior ênfase à Ásia, à América Latina e à África.

Em 2013, o novo primeiro-ministro, Xi Jinping, deu início ao que chamou de "Nova Rota da Seda", uma política externa destinada a construir redes globais de comércio a partir da China, integrando Europa, Ásia e, posteriormente, África e América Latina. Tal política levou a um crescente número de investimentos chineses em outros continentes – mas também levou críticos a acusarem a China de "imperialismo". Essa expansão fez o governo chinês se confrontar com interesses dos Estados Unidos ao redor do mundo, acumulando sucessivas disputas comerciais com os americanos. Ao mesmo tempo, essa abertura comercial chinesa conferiu um incremento substantivo às relações diplomáticas do país – em especial, após as Olimpíadas de 2008 em Pequim.

No plano político interno, a República Popular da China enfrentava novos desafios. A chamada Terceira Revolução Industrial possibilitou que o país expandisse sua indústria tecnológica a níveis assombrosos, com incremento em setores estratégicos como telecomunicações, satélites e semicondutores. Ao mesmo tempo, a era da internet exigiu do governo um esforço tremendo em termos de controle de informações, levando a acusações de censura sobre sites e empresas de comunicação. Em 2006, o país aprovou a Grande Firewall, uma série de leis regulatórias sobre a internet e os meios de comunicação na China, num esquema de cibersegurança combinado com mecanismos de censura.

Ao longo das primeiras décadas dos anos 2000, novas ondas de protestos civis se avolumaram – incluindo ambientalistas, *punks*, sindicalistas, deficientes físicos, feministas etc. Esses protestos, contudo, diferentemente daqueles de 1989, eram mais fragmentados e foram algumas vezes bem recebidos pelo próprio Partido, vistos como formas de "corrigir os erros do passado".

Questões separatistas ganharam uma sobrevida nesse período. Para além do movimento separatista tibetano, que mobilizou campanhas de solidariedade nos Estados Unidos e no Ocidente, o separatismo uighur, na província de Xinjiang, passou a ganhar apoio internacional no novo milênio. As acusações de violações, por parte do governo, dos direitos das minorias étnicas na região foram rebatidas pelo Partido, que justificou suas ações sistemáticas de repressão como combate ao terrorismo de grupos fundamentalistas islâmicos existentes na comunidade uighur. E, claro, conforme as disputas com os Estados Unidos foram se tornando mais acentuadas, questões antigas como a relação com o Tibete, com Hong Kong e com Taiwan passaram a criar, novamente, tensão diplomática.

Sugestões de leitura

Os principais centros de estudos de História da Ásia não são lusófonos e, portanto, livros em português não são abundantes. Ainda assim, alguns clássicos como *A Ásia Oriental nos séculos XIX e XX*, de Jean Chesneaux (Pioneira), e *A dominação ocidental na Ásia*, de K. M. Panikkar (Paz e Terra), são boas indicações introdutórias, ainda que estejam um tanto datados.

Sobre a história da China há uma quantidade maior de obras traduzidas. *Em busca da China Moderna*, de Jonathan Spence (Companhia das Letras), ainda é o principal manual que temos no mercado editorial brasileiro. Outros livros, como *China: uma nova História*, de John K. Fairbank e Merle Goldman, ou *China Moderna*, de Rana Mitter (ambos pela L&PM), também são interessantes. O livro *Mulheres no movimento revolucionário chinês*, de Christine Rufino Dabat

(UFPE), merece ser citado pela importância do tema e pelo fato de ser uma produção brasileira.

A história da Índia já não desperta o mesmo interesse editorial no Brasil. Há poucos livros em português que tratam da Índia moderna, como a obra *História concisa da Índia Moderna*, de Barbara Metcalf e Thomas Metcalf (Edipro). O livro *Os indianos*, de Florência Costa (Contexto), apesar de ser um relato jornalístico, contempla uma série de questões relevantes do passado indiano recente.

Sobre a história do Japão, a produção é um pouco maior, mas ainda limitada. A obra *Os japoneses*, da cientista social Célia Sakurai (Contexto), é uma boa introdução para os leitores. Manuais como *História do Japão*, de Kenneth Henshall (Edições 70), e *História concisa do Japão*, de Brett Walker (Edipro), também podem ser interessantes como iniciação.

Existe em português uma carência de livros de História produzidos por historiadores chineses, indianos e japoneses sobre seus próprios países. Quem sabe o interesse neste livro não estimule novas traduções? Até porque, lembrando um famoso provérbio africano: "Até que os leões tenham seus próprios historiadores, as histórias de caçadas continuarão glorificando o caçador".

GRÁFICA PAYM
Tel. [11] 4392-3344
paym@graficapaym.com.br